Jiaotong Yunshu Hangye Shuzihua Zhuanxing Renzhi yu Fangfa

交通运输行业数字化转型认知与方法

董志国　于洁涵　常振廷　孙文健　谢振东　编著

人民交通出版社股份有限公司
北京

内 容 提 要

本书共十五章，分四个部分，包括交通运输行业数字化转型趋势、转型方法、转型路径、典型场景。本书结合了理论基础与实践经验，可供国内政府单位、交通企业、研究机构等从业人员参考，以及为对交通运输行业数字化转型感兴趣的读者提供引导式启发和经验借鉴。

图书在版编目(CIP)数据

交通运输行业数字化转型认知与方法 / 董志国等编著. —北京：人民交通出版社股份有限公司，2022.10
ISBN 978-7-114-18243-3

Ⅰ.①交… Ⅱ.①董… Ⅲ.①交通运输业—数字化—研究—中国 Ⅳ.①F512-39

中国版本图书馆 CIP 数据核字(2022)第 181851 号

书　　名：交通运输行业数字化转型认知与方法
著 作 者：董志国　于洁涵　常振廷　孙文健　谢振东
责任编辑：郭晓旭
责任校对：席少楠　刘　璇
责任印制：刘高彤
出版发行：人民交通出版社股份有限公司
地　　址：(100011)北京市朝阳区安定门外外馆斜街 3 号
网　　址：http://www.ccpcl.com.cn
销售电话：(010)59757973
总 经 销：人民交通出版社股份有限公司发行部
经　　销：各地新华书店
印　　刷：北京印匠彩色印刷有限公司
开　　本：787×1092　1/16
印　　张：8.75
字　　数：190 千
版　　次：2022 年 10 月　第 1 版
印　　次：2022 年 10 月　第 1 次印刷
书　　号：ISBN 978-7-114-18243-3
定　　价：68.00 元

序

近年来,云计算、大数据、人工智能等新兴技术迅速发展,并与传统产业加速融合。中国数字经济强势崛起,既是促进经济可持续发展的内生力,又成为推进实体经济转型升级的新动能。中国产业结构优化调整、实现工业4.0等系列宏观政策的落地实施,都少不了企业数字化转型的推动。数字化转型无疑是当前中国经济面临的一个强势风口,已经成为“十四五”新发展阶段政府、企业、高校及科研机构等各类社会主体提及的高频词汇,各地政府机构、中央企业、地方国企、民营企业均将数字化转型作为“十四五”提升创新驱动力的重要举措,数字化转型已经渗透到了企业经营管理和生态合作的方方面面,不仅是促使经济增长的主要动力源泉,更是企业转型升级的重要驱动力。

国家在《中华人民共和国国民经济和社会发展第“十四五”规划和2035年远景目标纲要》中明确提出,“迎接数字时代,激活数据要素潜能,推进网络强国建设,加快建设数字经济、数字社会、数字政府,以数字化转型整体驱动生产方式、生活方式和治理方式变革。充分发挥海量数据和丰富应用场景优势,促进数字技术与实体经济深度融合,赋能传统产业转型升级,催生新产业新业态新模式,壮大经济发展新引擎”。

面临经济新常态以及新冠肺炎疫情长期持续的影响,传统行业如交通运输行业、制造业、餐饮业、酒店旅游业等均受到了冲击,行业传统增长动能已经逐渐趋于平缓。与此同时,也倒逼传统企业不断创新内生增长要素,以期在复杂多变的环境下巩固增长基础,不断增强企业新的竞争力。

作为关乎国计民生的基础行业,交通运输行业近年来也面临着增长动能转换、业务运营模式优化的关键问题。中共中央、国务院印发的《交通强国建设纲要》明确“大力发展智慧交通。推动大数据、互联网、人工智能、区块链、超级计算等新技术与交通运输行业深度融合。推进数据资源赋能交通发展,加速交通基础设施网、运输服务网、能源网与信息网络融合发展。构建泛在先进的交通信息基础设施。构建综合交通大数据中心体系,深化交通公共服务和电子政务发展”。

面对数字化浪潮,交通运输行业若想升级产业能级,提供更优质服务,就必须采取新型战略,契合数字化模式,通过数字化重塑才能走得更远。这包括重新思考交通运输行业的组织形式、运营方式以及在产业生态中的价值重塑。行业的数字化重塑不是碎片化的,也并不聚焦于特定方面,它需要对交通运输行业的运作方式进行根本性的重新思考,才能发挥行业的创新要素驱动力,获得高质量发展的新动能。

广州市公共交通集团有限公司多年来深耕于城市交通运输行业,集团刚刚经历了数字化转型从顶层设计到落地实施的全流程,获得了数字化转型给企业经营管理带来的极高价值。为了给探索和有意实施数字化转型的交通企业以及其他企业提供有益借鉴,我们对传统交通运输行业如何成功实现数字化转型总结出了一套系统性的方法论,并介绍了交通运输企业数字化转型的实践案例,尝试为交通运输行业数字化转型之路给出自己的见解,帮助国内公交、轨道交通、物流、出行服务等各类交通运输企业探索数字化转型成功之道,在当前复杂多变环境下增强企业核心竞争力,助力我国交通运输企业迈向世界一流!

广州市公共交通集团有限公司大数据总监、
享受国务院政府特殊津贴专家
谢振东
2022 年 9 月,于广州

前言

交通是连接城市、乡村的重要纽带,也是承载城乡发展的客流、物流的重要通道。作为城乡发展的主要动力之一,交通对生产要素的流动、城镇体系的发展有着重要的影响。截至2020年底,我国内地共有40多座城市建成投运城市轨道交通,线路总里程超过7000km,全球前五大地铁城市均在我国,我国铁路运营总里程位居世界第二,高速公路总里程位居世界第一,这些无不昭示着我国已发展成为名副其实的交通大国。从交通大国迈向交通强国的过程中,需要融入最新的科技成果和创新模式,才能真正支撑社会主义现代化强国建设和现代化经济体系。未来交通不再仅是铁路、公路、水路、航空等几个垂直领域独立的客货运输,而是围绕旅客出行、货物运输形成的海陆空铁一体化综合交通,"人享其行,货畅其流",在满足乘客门到门出行、物资端到端流转的同时,可带来更高时效、更高安全、更低成本及更好体验。这些目标的实现,离不开交通运输行业的数字化转型。

早在20世纪90年代,世界各国就开始逐步开展智能交通国际标准化工作,我国也开启了对数字交通领域的研究。2019年,国家发布多个与数字交通相关的规划或纲要,确定了数字交通在交通强国战略中的地位,引导我国交通运输行业未来发展,加快数字交通建设。

由于交通管理体系复杂度高、交通数据多样化融合难等原因,导致交通大数据应用面临诸多难题。一方面,各交通相关部门、各企业、企业内各部门间信息孤岛丛生,不同程度地阻碍了对大数据进行整合、分析、应用的工作;另一方面,多样化交通数据共享程度低,数据标准化程度低,存在数据重复采集,数据定义、数据标准等也不尽相同等问题。以上种种均促使交通运输行业的数字化转型需要一套系统性、全局性的解决方案。

自国家提出数字化转型行动以来,互联网与传统行业的融合发展已然成为数字化转型的关键目标,互联网思维和工具将从全流程改造传统行业,从而产生新业态、新模式。互联网与交通的碰撞也形成了"线上资源合理分配、线下高效优质运行"的新格局。基于移动互联网、云计算、大数据、物联网等新技术的应用,"互联网+交通"改变了传统的出行模式,为人们带来了高效便捷的出行体验,提升了车辆和人力资源的利用率。交通运输行业在转型浪潮中发生了蜕变,数字化对行业产生了深远影响。

(1)运输方式多元化。运输服务方面,“互联网+交通”大大满足了多样化的市民出行需求和企业货运需求,同时促进了多种运输方式的无缝衔接,提高了客运和货运效率。移动互联网的出现进一步推进了联网售票系统建设,支持网上购票、手机订票、自助购票等出行服务,并发展了在线受理、货物查询、一键转寄、服务点代收等配送服务。运输服务正在实现客运一票到底、货运一单到底。

(2)出行服务定制化。近年来,随着移动互联网的迅猛发展,一种因需而定的“定制+”模式正在改变人们的出行方式,为交通运输企业的转型发展提供了新思路、新途径。以定制公交为例,定制公交线路是基于城市现状公交站点及线网分布,根据交通出行大数据挖掘出用户地理标签,利用聚类算法找出城市中的热点通勤区域及通道,再利用路径规划算法在热点通勤通道中选出具体经行站点及路径,以最大化满足通道上的乘客通勤出行需求。又如定制旅游出行,在消费者日益增长的旅游体验需求面前,传统跟团游逐渐跟不上时代的步伐,定制旅游真正实现了将主动权归还到消费者手中,并能够根据消费者喜好和需求提供个性化的服务,由消费者与旅行顾问进行交流、提出个性化需求,然后由旅行顾问在线上录入不同需求参数,自动生成符合消费者个性化偏好的定制化旅游行程。

(3)线上线下融合发展。在交通运输产业结构方面,“互联网+交通”整合了各种运输资源,形成了集约化产业格局,实现了线上线下互动与精准供给,促使交通运输企业线上线下融合发展,使得企业和消费者之间的信息更对称、匹配更完善。同时,呈现了“去中间化”特征,更有利于规范交通运输市场秩序,形成具有“线上资源合理分配,线下高效优质运行”的新业态和新模式,满足公众更便捷出行、更人性服务和行业更科学决策的需求,使交通运输由传统产业向现代服务业转型升级。

此外,数据是交通运输行业数字化转型必不可少的关键要素。可以在交通管理的具体业务场景中,通过运用人工智能技术,形成各类数据治理工具;数据处理分析方法由简单的数据统计转向辅助智能决策,由数据的结构化低效算法转向数据智能清洗提取高效算法,由被动搜索信息、被动管理转向信息主动推送、主动服务;通过数据治理工具的深入应用,使得交通运输行业由数据散乱、技术散乱、业务散乱及应用散乱转向各项资源的有序整合。

在交通运输行业数字化转型趋势下,交通运输企业也需要找到一套被实践证明过的成熟可行的转型方法,并转化成适合自身特点的转型路径。因此,本书力求从理论融合实践的角度出发,总结出交通运输企业数字化转型的基本原则、数字化转型的总体框架、数字化转型的实施思路,供数字化转型中的企业思考和借鉴。

在理论方面,本书梳理总结出了企业数字化转型的基本要素,主要包括:①统一认知、“一把手”推动,坚持“一把手”的全面负责,深化数字化转型艰巨性、长期性、系统性的正确认识,转型不能一蹴而就;②系统推进、分步实施,价值导向、数据驱动、能力主线,实现无价值不转型、无数据不经营、无能力不实施；③全面保障、多维协同，坚持多要素的协同实施，从生态、组织、资源、绩效、试点等方面全面保障转型可持续、能落地、见成效。

在实践方面，本书根据作者团队的亲身经历，从全程参与者视角总结出了以价值为核心的交通运输企业数字化转型实施路径。其中，在价值创造方面，需要构建用户交互能力，为业务发展筑牢用户基础；精准服务能力，推动商业模式重构与创新；协同运营能力，创造卓越运营业务全价值；高效管理能力，端到端流程打破职能壁垒。在价值支撑方面，需要发挥两大数据驱动要素，打造“敏捷开发、数据管理”构成的数据体系要素；建设“数据中台、业务中台、技术平台、大数据平台”构成的数字平台要素。在价值保障方面，优化数字化治理体系，持续巩固组织体系保障、生态体系保障、人才体系保障、文化体系保障、流程体系保障、制度体系保障、绩效体系保障、资源体系保障。

本书所呈现的成果兼具理论与实践双重指导作用，适合包括政府及企事业单位、咨询机构、大学院校等在内的从事数字化转型相关工作的人员以及其他对数字化转型感兴趣的读者阅读。

感谢广州市公共交通集团有限公司（以下简称“广州公交集团”）的领导对本书的创作贡献，他们深耕于城市交通运输企业的经营管理与转型发展，通过“一把手”牵头亲自领导指挥广州公交集团的数字化转型工程，积累了丰富的理论基础与实践经验，为本书的创作提供了高屋建瓴的指导性意见和前沿性观点。感谢广州公交集团各部室和各单位，他们积极参与了本书成稿过程中的访谈调研、问卷调研、共创研讨，从实际业务出发并集百家之长，为本书提供了城市交通数字化转型的真知灼见和灵感创意，为本书的观点形成做出了不可磨灭的贡献！感谢余莉娜、徐姗姗、梁若萦、芦浩、韩晋键等对本书的编写给予的专业的建议，这些建议对于本书的编写工作有很大的启发。

放眼未来，希望有越来越多的交通运输企业能够探索出自身的数字化转型道路，全面构建数字交通新场景，推进商业模式创新，聚焦高品质出行服务、高效率物流服务，建立健全统筹协调和推进机制，通过场景牵引，打造一批综合面强、应用面广的行业数字化转型示范标杆，真正推动我国从交通大国迈入交通强国之列！

作　者

2022 年 9 月

目录

第一部分

交通运输行业
数字化转型势在必行

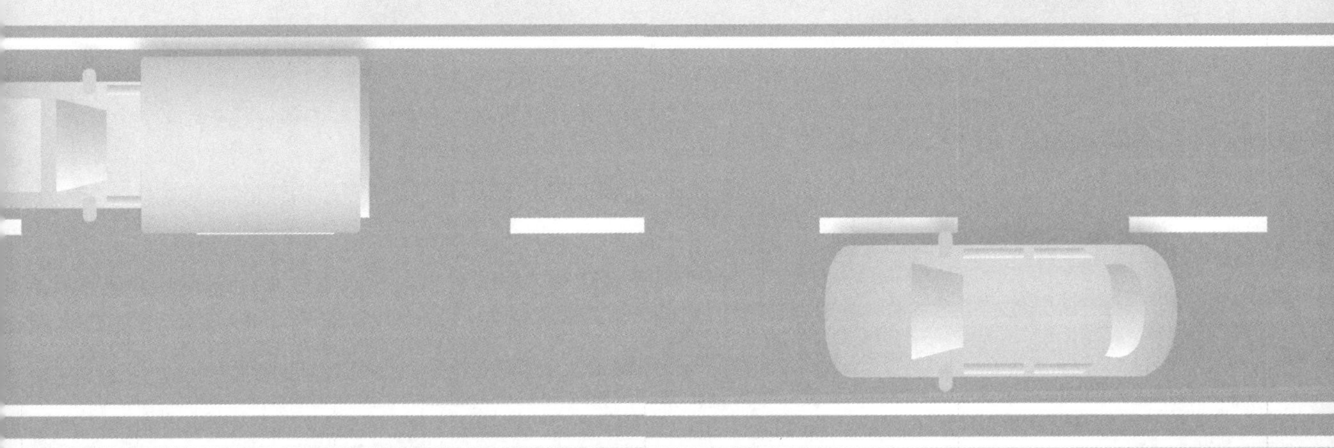

第一章 | “十四五”数字经济发展趋势

第一节　数字经济发展主旋律

近年来,以大数据、云计算、物联网、人工智能(AI)、5G(第五代移动通信技术)为代表的新一代信息技术广泛渗透到产业生态的各个方面,在持续催生新兴产业的同时也不断激发传统产业的发展活力,拉动数字经济的快速增长。在政策的精准引导下,交通运输行业将紧跟数字化发展浪潮,赋能传统产业创新变革,重构企业发展商业模式,在技术应用、用户体验、产品服务、业务运营、产业生态等方面持续挖掘数字化场景,高质量驱动企业转型发展。

数字化已经成为经济增长的核心要素和企业竞争的关键领域,越来越多的传统企业已经意识到数字化转型实质是关乎企业可持续发展的商业模式转型,将帮助企业构建第二增长曲线。总体来看,数字经济行业应用趋势集中在以下五个方面。

一、增强数字化技术应用

在以数据为关键生产要素的数字经济时代,企业对新一代信息技术的应用成为产业数字化和数字产业化的关键,是建设新型基础设施的重要保障。近年来,新一代信息技术在各领域的应用呈指数级增长,大数据、云计算、物联网、人工智能、5G等在促进实体经济与数字经济深度融合方面发挥了重要作用。在交通运输、商品贸易、汽车制造、批发零售等传统产业领域,不断有龙头企业、中小企业、初创企业建设企业级和业务级的云平台、数据中台、业务中台、大数据平台等新型技术基础设施,充分发挥数据价值,大幅提高生产效率,实现跨越式增长。

二、提升数字化用户体验

随着国民消费能力的不断提升和产业生态体系的不断开放,消费互联网和产业互联网逐渐成为主流发展趋势,促使用户需求日趋个性化、场景化、实时化和交互化。面对用户需求的不确定性,企业竞争的焦点逐渐从关注产品服务本身向着洞察用户需求、提升用户体验转变,传统企业从产品生产者、服务提供者升级为用户运营者,需要通过“触点+数据”建立以用户为中心的运营体系,才能实现对用户的实时交互和精准营销,将用户发展成为对企业具有终身价值的高黏性客户,实现用户价值的全周期管理。

三、创新数字化产品服务

产品和服务的持续创新是传统生产型企业和服务型企业维系终身用户价值、挖掘业务增长机会的重要策略。数字化能够提升企业产品与服务的策划、实施和优化过程，让企业围绕产品和服务的生命周期，不断增强产品和服务本身的基础价值，为用户提供差异化、场景化、智能化的数字产品和服务；精准延伸产品和服务链条的附加价值，开发具备感知、交互、自学习、辅助决策等功能的智能产品与服务。企业通过满足和引导用户需求，为用户提供创新产品服务，精准解决用户痛点，全面提升用户满意度。

四、优化数字化业务运营

数字化转型为传统企业实现卓越运营提供了新的视角和发展机遇。企业通过数字化技术贯通产品研发、制造、运营、营销、服务全价值链的数据流、业务流和资金流，打破传统模式下的组织壁垒和信息孤岛，实现全价值链、全周期范围内的经营数据可视、洞察和追溯，促进业财融合、业数融合，为企业提供实时数据分析和决策支持。通过数据互联互通，优化企业业务流程，加速构建跨部门、跨系统的端到端业务应用，推动建立新的运营管理模式，解决业务和管理痛点，实现企业内部的提质、降本、增效。

五、重构数字化产业生态

随着平台经济模式尤其是产业互联网的日趋规范和成熟，新一代信息技术应用已经促使传统产业演变出新的生产方式、服务模式和组织形式。传统产业边界已经越来越模糊，通过数字技术将构建更加开放融合的产业生态，提高各参与方的生态体验。通过链接生态系统内的各参与者，不断拓展产业生态能力范围，引导健康的产业内大循环，融入共赢的产业外循环，推动传统产业走向数字化和智能化，实现产业内升级迭代和产业间协同发展。

交通运输行业数字化转型是大势所趋，城市作为经济活动的重要承载空间，其数字经济发展状况客观体现了我国数字经济的建设水平。粤港澳大湾区作为我国对外开放程度最高、经济活力最强和数字经济发展程度最高的区域之一，在国家发展大局中具有重要战略地位。粤港澳大湾区的高质量建设将加快推进数字产业化和产业数字化，推动数字经济和实体经济深度融合，建设具有国际竞争力的数字产业集群，打造全球数字经济发展新高地。接下来本书各章节中的实践经验总结以及相关范式提出正是基于粤港澳大湾区"双引擎"城市的相关探索与实践，也参考了国内东部、中部和西部经济圈核心城市的相关经验。

作为改革开放的先行地，中国特色社会主义先行示范区的所在省份，广东省在《广东省推进粤港澳大湾区建设三年行动计划(2018—2020年)》中提出"建设宜居宜业宜游的优质生活圈"。数字化转型和新型基础设施建设正成为粤港澳大湾区建设宜居宜业宜游优质生活圈的抓手。推动数字化转型和优质生活圈建设深度融合，构筑经济、科技、交通、社会融合的大湾区城市智慧生态系统的可行机制与路径，具有至关重要的意义。粤港澳大湾区作为我国科技创新前沿阵地，近年来交通信息基础设施水平持续提高，智慧交通云平台、交通大数据中心建设稳步推进，智能化客运枢纽、港口、物流园区逐步建设，新业态新技术为大湾区发展培育了新动能。未来，粤港澳大湾区将加快构建新一代综合交通运输数字化体系，推动大数据、互联网、人工智能、区块链等新技术与交通运输行业深度融合，充分链接产业上下游企业，促进大湾区智慧交通生态圈的形成与发展。

在粤港澳大湾区数字经济引领带动下，广州市提出了新型智慧城市建设将“以人为本”，加快培育和聚集数字经济新动能，实施智慧物流等工程项目，培育高成长、带动性强的新兴产业，同时推动传统产业现代化，形成技术、产品和服务一体化发展的智慧城市产业格局，更好地满足人民对美好生活的向往。《广州市加快打造数字经济创新引领型城市的若干措施》明确提出，广州市要助推粤港澳大湾区交通基础设施互联互通，打造产业链纵向延展、横向协作的交通数字化产业集群，形成智慧交通产业生态链，打造广州模式和全国范例，推动产业、城市、交通、物流的智能化协同发展。

第二节　发展数字经济的重要性

以计算机、网络和通信技术为代表的现代信息技术革命，催生了数字经济。数字化技术在现代化经济活动中得到广泛应用，提升了经济效益，提高了推动经济结构加快转型的能力，正成为全球经济复苏的重要驱动力。数字经济是继农业经济、工业经济之后的主要经济形态，是以数据资源为关键要素，以现代信息网络为主要载体，以信息通信技术融合应用、全要素数字化转型为重要推动力，是促进公平与效率更加统一的新经济形态。对于我国而言，数字经济不仅是经济转型增长的新变量，更是经济提质增效的新蓝海。当前，数字技术创新和迭代速度明显加快，成为聚集创新要素最多、应用前景最广的技术创新领域。

加快发展数字经济事关能否抢占新一轮科技革命与产业变革机遇、赢得未来发展和国际竞争的主动权。一方面，抓住数字经济发展规律，有利于数字经济产业在转型中开启新的征程。数字化知识与信息成为生产要素，与物联网、云计算等日新月异的信息技术息息相关，数字信息的挖掘和社会化应用成为数字经济发展的主要推动力。抓住发展规律和趋势，有利于及时确定具有创新性、竞争力的产品和服务，助力经济稳中向好发展，在危机中育先机，在变局中开新局。另一方面，推动我国数字经济健康发展，有利于推动经济强国建设再上新台阶。首先，要加快新型基础设施建设，升级光纤网络和 5G 网络等设施，在建设绿色安全的智能化综合性数字信息基础设施中起到推动经济高速发展的重要作用。其次，攻克核心技术，实现经济强国首先要实现创新强国，创新是引领发展的第一动力，如果不能把握好核心技术，外部环境冲击下经济发展面临的风险隐患将明显增加。发展数字经济,不仅对于支撑抗击新冠肺炎疫情和实现我国经济长远向好发展具有重要意义,也是推进新型发展格局、构建现代化经济体系、构筑国家竞争新优势的重要举措。

第三节　描绘数字经济发展愿景

数字经济发展愿景主要包含四个方面:打造数字经济新优势、加快数字社会新建设、提高数字政府新治理和营造数字生态新体系,下面将从这四个方面进行详细描述。

一、打造数字经济新优势

数字经济建设将推动社会生产方式、生活方式和治理方式变革,布局全新的数字经济产业生态。构建基于5G的应用场景和产业生态,在智能交通、智慧物流、智慧能源、智慧医疗等重点领域开展试点示范;充分发挥大数据和丰富应用场景优势,促进数字技术与实体经济的深度融合,赋能传统工业转型升级,催生新产业、新业态、新模式,扩大经济发展新动力。

二、加快数字社会新建设

数字社会建设将为全民创造幸福的数字生活,提供智慧便捷的公共服务,构建智能城市和数字农村,构筑美丽数字生活的新景象。加强数字社会建设,适应数字化技术全面融入社交交流和日常生活的新趋势,可以促进公共服务和社会运作方式的创新,提高公共服务和社会治理等数字化和智能化水平。

三、提高数字政府新治理

数字政府建设将促进产学研密切合作,加快政府新型基础设施建设,提升政府治理能力,主要措施包括:提高数字政府建设水平,将数字技术广泛应用于政府管理服务中,促进政府治理流程的重建和模式优化;为政府建立数字底座,不断提高政府服务效率,使数据要素能够在新的生产关系中有序地流动,推动知识与技术的紧密结合,促进数字政府基础设施建设快速发展。

四、营造数字生态新体系

数字生态建设将促进构建数字规则体系,营造开放、健康、安全的数字生态,主要措施包括:建立健全数据要素市场规则,统筹数据开发利用、隐私保护和公共安全,建立数据资源产权、交易流通、跨境传输和安全保护等基础制度和标准规范;营造规范有序的政策环境,构建与数字经济发展相适应的政策法规体系;加强网络安全保护,健全国家网络安全法律法规和制度标准,加强重要领域数据资源、重要网络和信息系统安全保障。

第二章 | 交通运输行业数字化发展趋势

大数据、云计算、物联网、人工智能及5G等数字技术的不断涌现，正引领交通运输行业进入数字时代。交通强国总目标的确定、新基建政策的发布为交通运输行业的数字化转型带来了发展契机。交通运输行业将聚焦基础支撑、共享开放、创新应用等重点环节，推动大数据与交通深度融合，实施综合交通运输数字化转型发展，建成便捷顺畅、经济高效、绿色集约、智能先进、安全可靠的现代化高质量国家综合立体交通网，支撑城市人口、空间和产业演化，支撑城市经济社会转型和高质量发展。在"十四五"新发展阶段，数字化转型已经成为国家和企业改造提升传统动能、培育发展新动能的重要手段，尤其是交通运输企业通过强化数据驱动、集成创新、合作共赢等数字化转型理念，将充分发挥在新一轮科技革命和产业变革浪潮中的交通运输行业引领作用，增强行业竞争力、创新力、控制力、影响力、抗风险能力，提升产业基础能力和产业链现代化水平。

第一节 交通运输行业数字化发展现状

国家政策和产业政策制订的交通运输行业数字化转型目标明确、路径清晰，核心要义是推动新一代信息技术与交通运输行业深度融合，构建综合交通大数据中心体系，以数据资源赋能行业的转型发展。

(1)坚持交通强国建设纲要。推动新技术与交通运输行业的深度融合，推动交通行业的数字化转型。从交通运输行业生产要素管理到输出的交通运输服务全面实现数字化。

(2)驱动数据要素核心动力。①交通运输部印发的《数字交通发展规划纲要》明确提出加快交通运输信息化向数字化、网络化、智能化发展。以数据为关键要素和核心驱动，推动交通基础设施规划、设计、建造、养护等全周期数字化，为交通强国建设提供支撑。②交通运输部印发的《推进综合交通运输大数据发展行动纲要》明确提出要以数据资源赋能交通发展为切入点，夯实大数据发展基础、深入推进大数据共享开放、全面推动大数据创新应用、加强大数据安全保障、完善大数据管理体系，有力推动大数据与综合交通运输深度融合，有效构建综合交通大数据中心体系。③交通运输部印发的《关于推动交通运输领域新型基础设施建设的指导意见》明确提出要围绕加快建设交通强国总体目标，以技术创新为驱动，以数字化、网络化、智能化为主线，以促进交通运输提效能、扩功能、增动能为导向，推动交通基础设施数字化转型、智能升级。

对于城市交通来说，数字化转型的业务场景主要面向乘客、货物和资源。总体而言，城市交通数字化转型将为乘客提供个性化、差异化、便捷化的出行体验；实现畅通的货物流转，提高物流效率、降低社会成本；通过资源调度将人、货、路、车、场、站等要素关联起来，实现资源的合理分配和优化。结合乘客、货物、资源，实现城市交通运输行业全链条转型，为城市交通智慧运行筑牢数字化基础。下面分别从乘客出行、货物运输和资源调度展开描述三个数字融合业务场景(图 2-1)。

优化乘客出行体验	数字化深刻改变了商业社会和生活方式，人们更加强调安全、便捷、个性、舒适的出行体验。其中，最为关键的是通过连接轨道交通、公交车、网约车等多种出行方式，整合各类动、静态交通出行基础数据信息，搭建智慧出行服务平台，实现运营调度、支付清分、信息服务等体系的一体化，为乘客打造一站式智慧出行服务。同时，探索用数字化手段为出行场景提供更加低碳高效的解决方案，实现公交产业链和供应链绿色化

提高货物运输效率	随着物流运输量不断增长，市场规模持续扩大，客户对物流服务的个性化需求越来越高，但是物流企业的运输能力、仓储能力、供应链能力的结构性矛盾凸显，需要通过数字化转型精准匹配市场客户的需求场景升级。其中，最为关键的是打通物流运输信息链，利用数字化技术推进物流生态的信息系统互通，提供全程可监测、可追溯的一站式物流服务；提高供应链资源配置效率，提供最优的物流供应链解决方案，减少成本、提高效率、增加效益；加快发展高效物流新模式、新业态，实现物流全链路透明化和全场景生态化

加强资源调度能力	随着城市发展，公交线网越加复杂，面临着线路调整优化、乘客体验升级等诸多新问题，需要通过数字化转型协同人、货、车、路、场、站等对象，实现对各类运输资源的精准高效调度。其中，最为关键的是通过数字化技术优化公交调度排班，面对复杂环境能够提供最优的实时运行指挥决策方案，让车辆运行更高效、调度更精准，保障乘客安全出行，提升车辆运行效率，提高城市公交出行分担率

图 2-1　城市交通业务场景与数字技术融合发展

一、优化乘客出行体验

数字化深刻改变了商业社会和生活方式，人们更加强调安全、便捷、个性、舒适的出行体验。其中，最为关键的是通过连接轨道交通、公交车、网约车等多种出行方式，整合各类动、静态交通出行基础数据信息，搭建智慧出行服务平台，实现运营调度、支付清分、信息服务等体系的一体化，为乘客打造一站式智慧出行服务。同时，探索用数字化手段为出行场景提供更加低碳高效的解决方案，实现交通产业链和供应链绿色化。

二、提高货物运输效率

随着物流运输量不断增长，市场规模持续扩大，客户对物流服务的个性化需求越来越高，但是物流企业的运输能力、仓储能力、供应链能力的结构性矛盾凸显，需要通过数字化转型精准匹配市场客户的需求场景升级。其中，最为关键的是打通物流运输信息链，利用数字化技术推进物流生态的信息系统互通，提供全程可监测、可追溯的一站式物流服务；提高供应链资源配置效率，提供最优的物流供应链解决方案，减少成本、提高效率、增加效益；加快发展高效物流新模式、新业态,实现物流全链路透明化和全场景生态化。

三、加强资源调度能力

随着城市发展,线网越加复杂,面临着线路调整优化、乘客体验升级等诸多新问题,需要通过数字化转型协同人、货、车、路、场、站等对象,实现对各类运输资源的精准高效调度。其中,最为关键的是通过数字化技术优化公共交通调度排班,面对复杂环境能够提供最优的实时运行指挥决策方案,让车辆运行更高效、调度更精准,保障乘客安全出行,提升车辆运行效率,提高城市交通出行分担率。

第二节　交通运输行业数字化应用场景

交通运输行业数字化应用场景与区块链、物联网等科学技术的迭代发展密不可分。一方面,技术优势能够推动数字化进程;另一方面,丰富多样的数字化应用场景将支持技术的快速迭代更新,巩固并扩大技术的优势地位。

一、区块链场景应用

近年来,区块链技术凭借多中心化、不可篡改、公开透明等技术特色,正在逐渐由理论层面向应用实践转变,在众多行业领域展现出良好的应用成效。作为一种信任工具,区块链可以推动行业间的信息共享,提高产业生态协同效率,尤其适合处理网络关系。交通运输业是人流量大、货物流量大、资金流量大、信息流量大、商务流量大的"五流合一"行业,是典型的网络结构,尤其适合区块链应用。随着社会经济的发展,公众的出行方式越来越多样化,交通工具不断增加,城市人口的增长和交通拥堵的加剧,使得保障出行安全、便捷出行、高效出行成为亟待解决的难题,高效的一体化出行解决方案成为未来发展趋势。结合区块链的技术特性,将区块链技术融入客运出行管理、服务信息化系统中,可以提升安全监管效率和服务水平,在网约车及共享汽车安全监管、出行即服务(MaaS)、交通疏堵等方面有较好的应用价值。目前,区块链技术在城市公共交通领域得到了应用。交通运输部门通过数据上链,实现智慧化交通疏导、线路调整和运力调度,缓解堵车难题,加大对各方的交通管理联动力度,让交通综合治理更有效率和可靠。

二、物联网场景应用

物联网技术是通过各种信息传感器、射频识别技术、全球定位系统、红外感应器和激光扫描器等多种装置,实时收集任何需要监测、连接和互动的物体或过程,采集其声、光、热、电、力学、化学、生物、地点等各种需求信息,通过各种可能性的网络接入,实现物与物、物与人的泛在连接，实现对物品和过程的智能化感知、识别和管理。物联网是一个基于互联网、传统电信网等的信息承载体，它让所有能够被独立寻址的普通物理对象形成互联互通的网络。智慧交通是物联网的重要体现形式，利用信息化手段将人、车、道紧密结合起来，改善交通运输环境，确保交通安全，提升资源利用率。物联网技术，已在包括智慧公交、共享单车、车联网、充电桩监控、智慧红绿灯和智慧停车等领域得到具体应用。其中，车联网是近年来各大厂商和互联网公司争相进入的领域。智慧交通运用先进的信息化手段，让人、车、路紧密配合，改善交通环境，提升资源利用率。智慧交通的未来发展在于增强数据采集多元化、系统协调化、降低产业成本、培育更适宜地域和产业新格局等方面。随着物联网技术的不断发展，也为智慧交通体系的进一步发展和完善注入了新动能，提升了我国城市交通安全水平。

第三节　探索未来交通的数字世界

当今世界正处在新科技革命和产业革命的交汇点上，智能、绿色可持续发展越来越成为科技发展的主流。随着大数据、人工智能、移动互联网及新一代信息技术的运用普及，交通运输发展方式正在发生深刻变化。未来十年，我们将进入智能社会，国民经济以数字技术为核心是必然趋势。随着国家《交通强国建设纲要》和新基建等政策相继出台，以新型数字技术核心的新基建与传统基建的深度融合，将成为未来交通强国建设的主旋律。交通运输行业面临新基建重大机遇，信息基础设施、融合基础设施和创新基础设施三大类新基建全面涵盖了智能交通的各类基础技术、典型应用和创新设施，引领行业跨越升级。

另一方面，在绿色交通发展的道路上，数字技术也将帮助我们前进。随着国家"双碳"目标提出，交通运输行业将加快推进绿色发展。在大交通领域，车辆电气化以其环境和经济优势成为热点之一。例如，随着5G、汽车"三电"系统、AI等技术的成熟，交通运输行业实现了自动驾驶，无人驾驶穿梭机和无人电动物流车投入运营，加快了交通运输行业车辆数字化的进程。因此，交通运输行业的快速发展为新技术的应用提供了巨大的舞台。

未来交通的数字世界将是智慧化与绿色化的世界，它将以人为本，将车、路、云、网等完美融入一个交通生命体。与此同时，国家将系统布局新的基础设施，加快工业互联网和大数据中心的建设。交通不再仅是铁路、公路、水路、航空几个垂直领域独立的客货运输，而是围绕乘客出行流、货物运输流、交通综合监管数据流形成的综合立体交通数字化、网络化、智能化服务体系。

第三章 | 交通运输行业数字化转型挑战

第一节　文化认知挑战

一、重视程度不足

目前交通运输行业对数字化转型重视程度和力度不足，主要集中在以下三个方面。

(1)顶层统筹力度不够。大部分交通运输企业领导主持制定并有效推动数字化转型工作的力度不够，在未实现"一把手"工程的统筹下，由科技信息化部门进行数字化转型工作规划并实施，缺乏话语权和管控能力。企业还需加强对科技信息化部门在数字化转型方面的授权力度和建立相关机制；通过旅行事业部制管控模式、出台相关管理制度办法等多种方式给予数字化转型实施部门更高的权限。

(2)人才激励不足。交通运输行业对信息化、数字化人才的激励机制欠缺，在岗位体系、绩效考核、激励机制上不够灵活，也没有系统性地对数字化人才进行规划，未能构建数字化人才的岗位序列和激励制度。

(3)资金投入力度不足。交通运输行业对信息化和数字化转型的投资力度不足。数字化转型是长周期、高投入、高效益的系统性工程，但目前部分企业对数字化项目的年度投资额及研发投入额与交通运输行业的营业收入、发展阶段等不匹配，相比其他行业中的标杆企业有较大差距，缺乏专项资金管理保障，难以使数字化转型实现从规划到建设的落地，仍需大幅提高对数字化转型资金的投入力度。

二、思维能力欠缺

其次，员工数字化思维能力有所欠缺，主要集中在以下三个方面。

(1)人才储备不足。交通运输行业目前缺乏大量的数字化转型专业型人才、复合型人才，相比其他行业，信息化人员数量严重不足，难以支撑企业级数字化转型工作的推进。

(2)胜任能力不足。交通运输行业数字化转型最需要的懂技术、懂业务、懂管理的复合型人才严重匮乏，在招聘和培养方面也缺乏相应的机制，无法满足胜任能力要求。同时，目前交通运输行业信息化人员以运维人员为主，真正具有规划、开发、管理能力的高端人才不足，在人员结构方面处于失衡状态。

(3)思维意识欠缺。交通运输行业大量的业务人员、职能部门人员非常欠缺用户意识、数据意识、流程意识等数字化思维,难以转变为具有数字意识和素养的人员,缺乏对全员数字素养和能力的提升路径。

第二节　运营机制挑战

一、服务意识不清晰

目前在交通运输行业,对以用户体验为中心的服务意识理解不清晰,体现在以下三个方面。

(1)对客户体验和价值的掌握不足。由于客户在出行、物流等方面需求的多变性,企业难以快速实时响应客户的个性化需求,错失市场拓展机会。同时,企业缺乏对客户关键信息的掌握,客户无法即时对体验进行反馈和评价,企业从而无法掌握客户体验满意程度和客户服务改进领域。

(2)缺乏统一的客户关系管理体系。企业尚未建立统一标准的客户关系管理模式和体系,无法为公交、客运、物流等业务领域的客户打造一体化服务,对用户触点和用户数据的把握程度受限。

(3)缺少客户服务方面的统筹部门。企业没有建立统筹客户服务、管理、营销的部门,导致目前客户信息和资源分散在不同直属单位以及不同表单台账中,没有在企业总体层面实现统一的客户资源归集,客户在投诉、增值服务等方面找不到统一的用户渠道入口,影响客户体验和对企业的满意度评价。

二、业务模式难创新

其次,交通运输行业的传统业务模式难以响应新发展要求,体现在以下三个方面。

(1)职能部门壁垒较高。企业内部各部门职责分工明确,但同时专业壁垒高筑,对于资源共享、跨部门协同合作的意识不足,原有利益格局和权力体系难以打破。

(2)缺乏业务创新突破。目前企业组织的业务知识结构、组织能力、业务逻辑主要以企业传统的业务逻辑为主,缺乏足够的新模式和数字化业务运营经验,难以实现新业务模式和商业模式的突破。

(3)技术创新意识及能力不足。企业及下属科技信息单位的产品开发能力和技术升级意识与领先水平有较大的差距,技术团队的意识思维和技术能力均有待提升,导致技术产品在推进信息化建设过程中大多使用套装软件,容易对外部供应商产生较大的依赖,缺乏自主管控能力,无法形成技术和产品的知识沉淀与迭代更新。

三、管理机制较僵化

另外，交通运输行业的管理机制难以适应数字化转型要求，主要表现在以下四个方面。

(1)决策流程较为迟缓。交通运输行业目前的组织管理模式主要为层级式组织架构，组织机构的调整难度和阻力较大，在自上而下的决策模式下，审批流程长、决策相对缓慢，对市场需求和变化的灵活响应不足。

(2)管控模式不够精细。企业对二级单位的管控精细化程度和力度不够，缺乏科学有效的管理手段和决策依据，大多还是以“人治”为主，无法发挥现代化公司治理的作用机制，难以形成数字化转型的合力与资源统筹。

(3)数据驱动决策不足。经营分析缺乏有效的数据支持，无法满足业务亟须的精准决策能力，由于缺乏分级分类的经营分析指标体系，大量管理决策依赖于历史经验和教训，很少利用数据进行经营决策，并且员工缺乏高质量的数据分析技能，无法在业务层面自主、及时、有效、灵活地开展常态化分析业务。

(4)流程管理不够敏捷。未形成标准化、敏捷化的流程管理机制，企业及下属单位很多重复性、标准化的流程仍然采用传统的人工方式处理，员工无法集中精力攻克具有高附加值的工作任务。同一板块内各单位同质的业务流程各异，过多强调业务的个性化，缺乏业务流程标准化及共性化意识，既不便于企业管控和监督，也不便于业务底层数据的归口和汇集。

第三节　数据要素挑战

一、数据驱动不足

当前交通运输行业尚未充分发挥数据要素的驱动作用，主要表现在以下三个角度。

(1)数据采集不够全面。企业及下属单位很多面向内部的生产运营数据以及面向用户的客户服务数据尚未实现自动采集并上传，数据采集的覆盖程度尚有欠缺。

(2)数据共享程度不足。尚未实现服务、资产、物料、组织、供应商、客户等数据的企业级标准化管理，整个企业多源异构数据的在线交换和集成共享程度不足。

(3)数据分析能力欠缺。企业各部室及下属单位大多仅开展了简单的报表层面数据填报和基础分析，虽然沉淀了大量数据，但是在实际经营管理过程中利用和分析的数据规模较小，其他数据都以冗余形式存在，没有挖掘到数据背后的价值。

二、资源整合不足

另外，交通运输行业的资源整合程度难以支撑数字化转型的需求，主要表现在以下三个角度。

(1)信息化资源过于分散。由于历史原因,企业各业务板块的信息化资源过于分散,缺少数据、系统等方面的集中管控体系和组织、制度体系,导致各单位的底层数据互通性较差,相互支撑性不足,也没有统一的数据标准和流程标准,亟须建立企业信息化资源的统一管理标准和体系。

(2)同类同质业务资源分散。业务板块之间的整合进度较慢,无法为数字化转型提供业务支撑,在维修等业务方面缺乏统一的资源归集主体,难以发挥规模效应,无法实现数字价值,需要先进行线下资源整合,再实施线上资源整合,最终促进线上线下的融合发展。

(3)智慧交通板块未形成合力。很多交通集团下属科技信息单位业务同质化,无法形成合力支持数字产业化发展,下属科技信息单位各自独立开展业务,业务之间存在定位不清晰、同质竞争等情况,导致资源浪费,无法形成信息化板块内的合力以实现业务协同发展,不利于企业对外开展数字化业务的模式创新和服务升级。

第四章 | 交通运输行业数字化转型必要性

第一节　数字时代的交通运输行业机遇

交通是兴国之要、强国之基。改革开放以来,交通运输作为经济社会建设发展的先手棋,使我国从没有一条高速公路到如今交通运输事业走在世界前列,逐步向交通强国迈进。相关数据显示,目前我国高速铁路对百万人口以上城市覆盖率超过95%,高速公路对20万人口以上城市覆盖率超过98%,民用运输机场覆盖92%的地级市。"六轴、七廊、八通道"的国家综合立体交通网主骨架空间初步形成,综合交通枢纽布局逐步完善。交通运输基础设施的日趋完善,为经济社会发展提供了有力支撑。

交通运输行业的创新以上述基础设施为支撑,并乘着数字化时代的"东风",引来新一波发展动力。21世纪初,公共交通曾经是便捷的代名词,但随着城市汽车保有量的逐年快速增长,交通堵塞极大地影响了地面交通通勤时效,增大了不确定性;有地铁的城市其通勤时效获得了一定程度的保障,但高峰期的乘坐舒适度比较差。数字化时代的到来,将可以更加有效地利用好现有基础设施,让交通网络更有效率、用户友好度更高。再加上新的自动驾驶、大数据等技术变革带来的改变和其激发的模式创新,将有助于保障居民出行自由。例如实时拼车、共享汽车等服务,方便城市居民出行,让私家车成为公共交通系统以外的延伸。数字化创新成果将会引领未来出行领域的高速发展。例如,实现全交通系统体系互联和智能响应用户需求,并使其个性化地满足用户的出行目的等。

第二节　绘制未来综合大交通蓝图

数字时代给交通运输行业带来了巨大机遇,因此,绘制未来综合大交通蓝图,重点发展数字交通运输产业,成为城市建设的必然选择。交通运输部发布了《推动交通运输领域新型基础设施建设的指导意见》(交规划发〔2020〕75号),明确指出到2035年,交通领域新基础设施建设将取得显著成效。例如,先进信息技术深度赋能交通基础设施,精准感知、精确分析、精细管理和精心服务能力全面提升,成为加快建设交通强国的有力支撑。基础设施建设运营能耗水平得到有效控制。同时,泛在感知设施、先进传输网络、北斗时空信息服务等领域深度覆盖交通运输行业,基本建立行业数据中心和网络安全体系,逐步将智能列车、自动驾驶汽车等应用到具体场景中。科技创新支撑能力显著提升,前瞻性技术应用水平居世界前列。同时,《国家综合立体交通网规划纲要》指出通过构建完善的国家综合立体交通网、加快建设高效率国家综合立体交通网主骨架、完善面向全球的运输网络优化等措施,优化国家综合立体交通布局。推进各种运输方式统筹融合发展,推进交通基础设施网与运输服务网、信息网、能源网融合发展,推进区域交通运输协调发展,推进交通与相关产业融合发展,实现综合交通统筹融合发展。

除了政策提供了未来交通蓝图的绘制方案,新技术的发展还为数字时代的交通运输行业提供了强大的支撑。例如物联网等技术通过各种传感器、移动终端或者电子标签等末端设备,让信息系统对外界环境的感知更加丰富细致。未来,智慧航道、智慧铁路、智慧公路等将迅速发展起来,管理者对于交通基础设施等技术应用情况能够更加全面地掌握。同时,交通管理体系在数字化技术的加持下,将具备强大的存储能力和快捷的计算能力,系统模拟现实世界和预判能力更加优秀,从而迅速准确地提取高价值信息,为管理决策者提供应用化解决方案,交通管理的预见性和协调性将得到极大提升。在数字时代的大背景下,数字交通将会显著缓解交通拥堵,改善城市交通状况,发挥最大城市交通效能,建立人、车、路协调运行的新一代综合交通运行协调体系,实现城市交通系统的整体运行效率提高。绘制未来综合大交通蓝图,作为智慧城市的一个组成部分,将促进城市建设再上一个台阶。

第三节　价值驱动的业务战略转型

交通运输行业数字化转型的时代已经到来,但行业内大部分企业仍处于数字化早期的信息化阶段或信息化与数字化初期的混合态,产生滞后的主要原因是这些企业对数字化的认知不足,不清楚其价值。因此,"以价值创造为核心"是交通运输行业数字化转型的关键,只有清晰了解数字化转型的价值体现,才可以从思想上和行动上获得合力。目前成熟的新技术从数字界面、广泛联通、智能数据、自动化四个方面为交通运输行业数字化转型创造价值,对一家交通运输企业来说,数字化在这四个方面都扮演着至关重要的作用。企业可通过数字化系统部署、数字化产品应用等方式,切实提高自身产品、服务和经营体验度,使其具备比较优势。其次,企业通过数字化推行,可以有效提升自身运行效率,进而降低成本、提高效益。通过数字化应用,可以在业务模式、经营模式等方面实现创新,一定程度上重新定义了其所处行业的经营模式。

因此,交通运输行业数字化转型应该聚焦价值创造,在整个转型过程中,每一个转型变更都需要分析价值。首先,确定是否存在直接产生商业价值或者提高盈利的能力;其次,重构价值体系,优化生产、销售、服务和供应链等价值创造的传递环节,提升客户体验,盘活存量价值,挖掘新的价值增长,不断延伸价值链,为客户提供高附加值的产品服务和解决方案;最后,合理掌握转型价值曲线的投入期和价值期,在转型过程中实现价值升级和转移。

第二部分

交通运输行业数字化转型方法

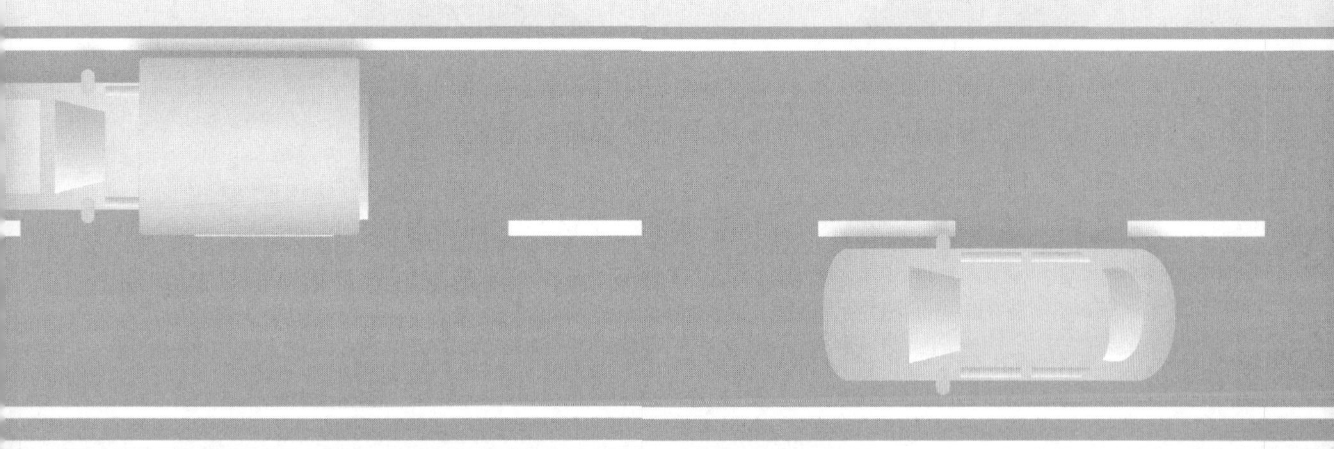

第五章 | 交通运输行业数字化转型总体原则

第一节　统一转型认知，推进全局工作

一、统一认知，深刻理解转型意义

深入学习领会习近平总书记关于推动数字经济和实体经济融合发展的重要指示精神，不断深化对数字化转型艰巨性、长期性和系统性的认识。明确数字化转型的本质内涵是信息技术引发的系统性变革，数字化转型的根本任务是企业价值体系重构，数字化转型的核心路径是新型能力建设，数字化转型的关键驱动是数据新生产要素。

二、提高站位，"一把手"工程全覆盖

将数字化转型作为交通运输行业改造提升传统动能、培育发展新动能的重要手段，发挥行业在新一轮科技革命和产业变革浪潮中的引领作用。企业"一把手"作为数字化转型总负责人，部门和直属单位"一把手"作为各自转型专题领域负责人，形成领导高度重视、亲自研究、统筹部署，员工全面参与、建言献策、严格落实的数字化转型"一把手"工程机制。

第二节　统筹系统推进，有序实施转型

一、价值导向，无价值不转型

将价值效益作为开展数字化转型的前提。以价值效益为导向推进交通运输行业数字化转型工作，围绕数字化转型的价值主线，以数字化愿景提出价值主张，新型能力支持价值创造，解决方案提供价值支持，治理体系提供价值保障。以用户全景化、服务精准化、运营协同化、管理高效化作为转型目标，为交通运输行业带来业务模式创新、业务收入增长、服务延伸增值、管理效率提升、运营成本降低、服务质量提高、生态体验提升、数字产业化、低碳可持续发展等全方位的价值效益。

二、数据驱动,无数据不经营

将数据作为交通运输行业经营决策的关键生产要素。充分发挥数据要素的信息媒介作用,提高企业资源的综合配置效率;发挥数据要素的价值媒介作用,提高企业资源的综合利用水平;发挥数据要素的创新媒介作用,提高企业资源的综合开发潜能。通过数据连接端到端业务流程,创新数据融合分析与共享交换机制,强化业务场景数据建模,深入挖掘数据价值,提升数据洞察能力,为交通运输行业创造更多转型价值和效益。

三、能力主线,无能力不实施

将新型能力建设作为贯穿数字化转型的核心实施路径。识别并策划交通运输行业新型能力体系,持续建设、运行、优化交通运输行业的用户交互能力、精准服务能力、协同运营能力以及高效管理能力。发展平台模式,将新型能力打造成为交通运输行业可共享、可复用、互联互通的数字化平台项目,支持业务按需调用新型能力,快速响应市场需求变化,加速推进业务创新变革,获取可持续竞争合作优势。

第三节　多元要素协同,全面保障转型

一、开放合作,生态能力共享

强化资源和能力开放共享、跨组织协同创新,推动供应链、产业链上下游数据贯通、资源共享和业务协同,提升产业链资源优化配置和动态协调水平,加快构建跨界融合的数字化产业生态。以价值为核心,与社会各方力量建立紧密合作关系,加强跨界合作创新,与内外部生态合作伙伴共同探索形成融合、共生、互补、互利的合作模式和商业模式,培育供应链金融、网络化协同、个性化定制、服务化延伸等新模式,打造互利共赢的价值网络。

二、组织协同,优化管理体系

按照新型能力建设、运行和优化的需求,组建跨部门联合实施团队,建设大数据中心、共享服务中心、用户服务中心、平台运营中心等平台化、敏捷化的新型数字化组织,推动面向数字化转型的企业组织与管理变革。建立涵盖组织、生态、人才、文化、流程、制度、绩效、资源、资金等全面的数字化治理体系,为新型能力的建设、实施与运行提供治理保障。

三、资源保障,投入资金人才

推动数据、技术、业务等方面的资源统筹与整合力度,建立与交通运输行业营业收入、经

营成本、员工数量、行业特点、数字化发展阶段相匹配的数字化转型专项资金投入机制。加快培育高水平、创新型、复合型数字化人才队伍，健全薪酬等激励措施，完善数字化转型配套机制。

四、绩效考核，建立奖惩机制

推动建立目标和关键成果相结合的数字化转型绩效考核机制，适时跟踪针对绩效目标的进度和方向，及时调整项目投资及关键行为。将数字化转型年度计划和绩效考核纳入交通运输行业整体考核体系，通过层次分明、设计合理的奖惩机制全面引领交通运输行业数字化项目的落地建设和成功运行。

五、试点先行，树立转型标杆

优先围绕能够率先构筑业务竞争优势的场景，组织开展新型能力试点建设，开展集中攻关、标杆打造、试点总结和示范推广。在总体规划指引下，系统选取价值效益高并可快速落地的场景重点突破，确保试点示范方向符合数字化时代基本规律和交通运输行业整体战略发展方向，创新商业模式，提升客户体验，拓展数字业务规模，带动交通运输行业数字化水平的整体提升。

交通运输行业数字化转型总体原则可以归纳为：统一认知，“一把手”推动；系统推进，三步法实施；全面保障，N 要素协同。具体如图 5-1 所示。

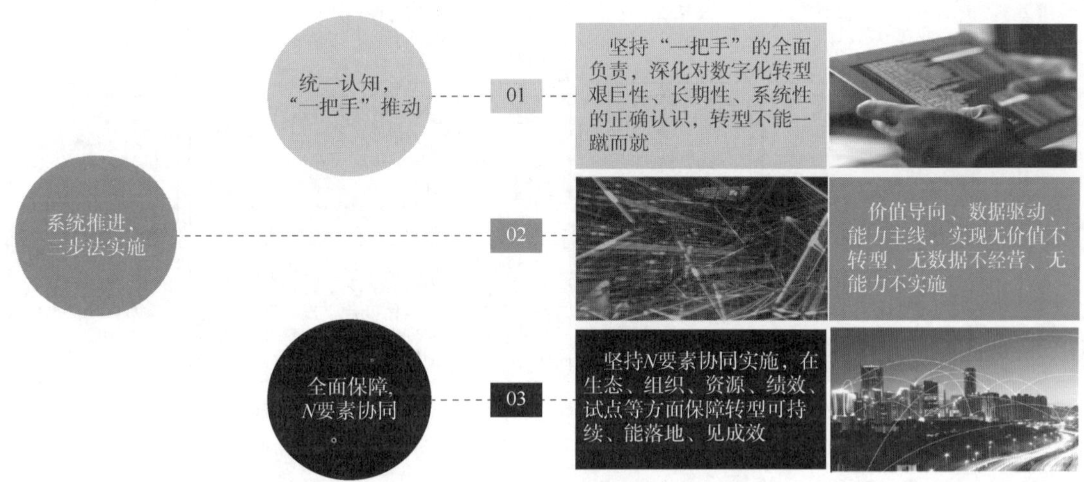

图 5-1　交通运输行业数字化转型总体原则

第六章 | 交通运输行业数字化转型总体思路

第一节　提出数字化愿景目标

在前期规划阶段,数字化转型是由愿景驱动的。因此,交通运输企业在规划阶段首先需要确立数字化愿景,然后明确数字化转型目标和方向,并在企业内部达成共识,作为企业转型的指引。交通运输行业数字化愿景目标包括实现全产业链的用户全景化、服务精准化、运营协同化和管理高效化四个维度,如图6-1所示。

指导思想	转型愿景	转型目标	转型价值
坚持以习近平新时代中国特色社会主义思想为指导,准确把握新发展阶段、深入贯彻新发展理念、全面融入新发展格局,坚持高质量发展	用户全景化	通过数字化转型链接用户全域触点。聚合用户原生数据、行为数据等多维数据,构建统一的用户全景视图。敏锐洞察用户出行、物流、生活需求,打造极致的用户交互式体验	为各利益相关方创造用户全周期价值
按照"加快推动数字经济与实体经济融合"的总体要求,把握新一轮科技革命和产业变革新机遇	服务精准化	通过数字化转型把握行业新增长机会。以乘客出行体验和产业生态体验为核心,着力发展平台业务模式,引入跨界合作伙伴,快速响应客户差异化需求,实现商业模式创新	为客户提供精准的个性化服务和定制化解决方案
助力落实交通强国战略	运营协同化	通过数字化转型重塑业务运营体系。以端到端企业价值链为核心,促进内部关键业务活动与外部生态活动的高度协同,打造敏捷高效、共享开放的运营体系,快速应对业务变化的不确定性	为生态系统提供开放共享的业务运营能力
以"十四五"规划为总体纲领,以改革和创新为根本动力,实施数字化转型创新发展战略	管理高效化	通过数字化转型提升管理决策效率。以流程优化为核心,促进管理服务化、管控集中化、决策精准化,提高组织沟通与协同效率,体现企业经营管理全链路的高效决策及管理服务能力	为管理者和员工营造卓越高效的工作体验

图6-1　数字化转型愿景目标

一、用户全景化

通过数字化转型链接用户全域触点。聚合用户原生数据、行为数据、交易数据、场景数据等多维数据,构建统一的用户全景视图。敏锐洞察用户出行、物流、生活需求,打造极致的用户交互式体验,将用户发展成为企业品牌的忠诚拥护者。致力于为企业各利益相关方创造用户全周期价值。

二、服务精准化

通过数字化转型把握行业新增长机会。以乘客出行体验和产业生态体验为核心，着力发展平台业务模式，引入跨界合作伙伴，快速响应客户差异化需求，实现商业模式创新。致力于为客户提供精准的个性化服务和定制化解决方案。

三、运营协同化

通过数字化转型重塑业务运营体系。以端到端企业价值链为核心，促进内部关键业务活动与外部生态活动的高度协同，打造敏捷高效、共享开放的运营体系，快速应对业务变化的不确定性。致力于为企业生态系统提供开放共享的业务运营能力。

四、管理高效化

通过数字化转型提升管理决策效率。以流程优化为核心，促进管理服务化、管控集中化、决策精准化，提高组织沟通与协同效率，体现企业经营管理全链路的高效决策及管理服务能力。致力于为管理者和员工营造卓越高效的工作体验。

第二节　构建数字化业务能力

一、构建用户交互能力，为业务发展筑牢用户基础

通过构建用户交互能力，实现用户全景化，促使“交通运输企业找到用户，用户找到交通运输企业”的双向通路更加顺畅，驱动“用户触点—用户留存—用户分析—用户营销”的用户循环增长机制更加成熟，为企业业务模式创新和业务价值增值提供坚实的用户基础，如图6-2所示。

(1)对于用户触点能力，能够实时动态响应数字化时代的用户需求，在业务方面不断吸引新用户，聚合企业多类业务的用户资源，扩大企业“有效用户”规模，为企业业务发展引流。

(2)对于用户留存能力，能够对用户资源进行高效运营，向用户提供创新型、个性化的交互服务来维系已有客户，并将已有客户转化为忠实客户，提高留存用户在企业业务体系内的活跃程度。

(3)对于用户分析能力，能够从宏观把握各类渠道用户运营状况，从微观深入理解用户群组特征及用户行为，形成对用户需求的精准分析能力。

(4)对于用户营销能力，能够打造具备产品服务触达和营销交互能力的产品服务营销生

态，通过对目标用户的精准营销实现用户在企业生态业务体系内的流量转化。

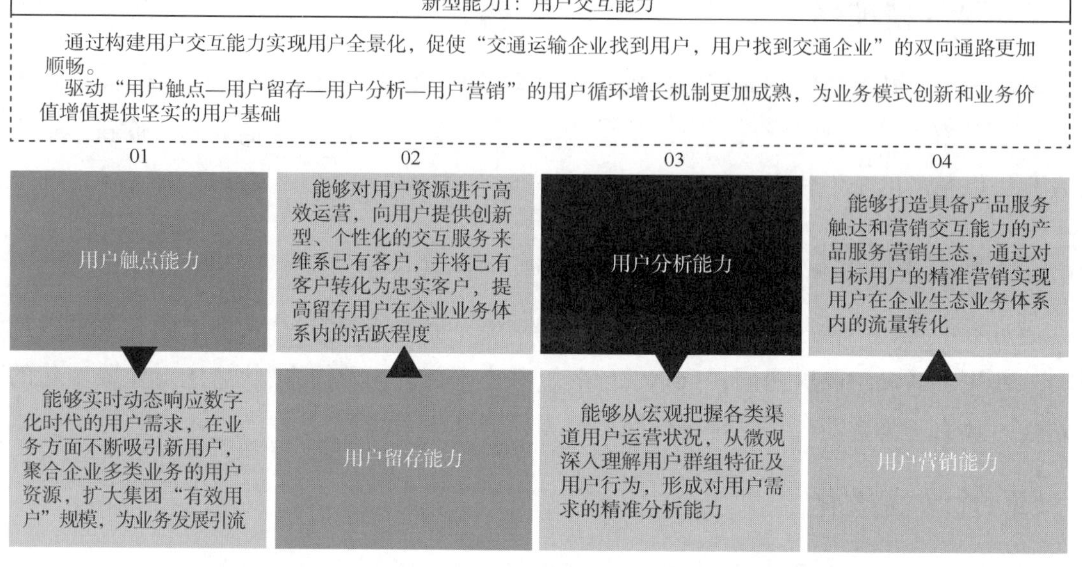

图 6-2　构建用户交互能力，为业务发展筑牢用户基础

二、构建精准服务能力，推动商业模式重构与创新

通过构建以生态体验为中心的精准服务能力，为客户提供精准的个性化服务和定制化解决方案，如图 6-3 所示。通过全链条出行服务能力和全场景物流服务能力建设，充分吸引 C 端（消费端）和 B 端（企业端）用户群体，提升用户体验，挖掘用户需求，并将用户流量导入全链接生活服务，实现用户资源高价值变现，并在企业业务体系中循环迭代。同时，延伸发展数字产业化服务能力，加快企业数字产业化进程，找到智慧交通业务增长空间。

（1）对于全链条出行服务能力，能够整合企业各类交通运输方式的用户、业务和流程，提高政企用户和个人用户的全过程出行效率和体验，实现面向乘客的同一出行业态之间、不同出行业态之间、综合出行生态之间的全链条综合出行服务。

（2）对于全场景物流服务能力，能够以用户体验为中心，以物流配送为桥梁，构建用户、产品与场景的全新交互体验，与供应链合作伙伴共同为用户提供物流延伸场景解决方案，形成用户需求驱动的新型物流业务模式，实现商业模式创新和物流生态价值最大化。

（3）对于全连接生活服务能力，能够以“人、车、生活”融合为主线，以智慧小区建设为契机，将出行终端用户和物流终端用户引导至生活服务场景，使用户融入企业打造的闭环交通生活系统，连接用户生活体验，响应用户在生活场景下的即时需求，带动用户流量转化和变现。

（4）对于数字产业化服务能力，能够以数字化转型积累的丰富资源和经验为依托，通过外延发展数字化的产品与服务，充分发挥企业海量数据和丰富应用场景优势，促进数字技术与实体经济深度融合，赋能交通产业转型升级，催生新产业新业态新模式，壮大业务发展新引擎。

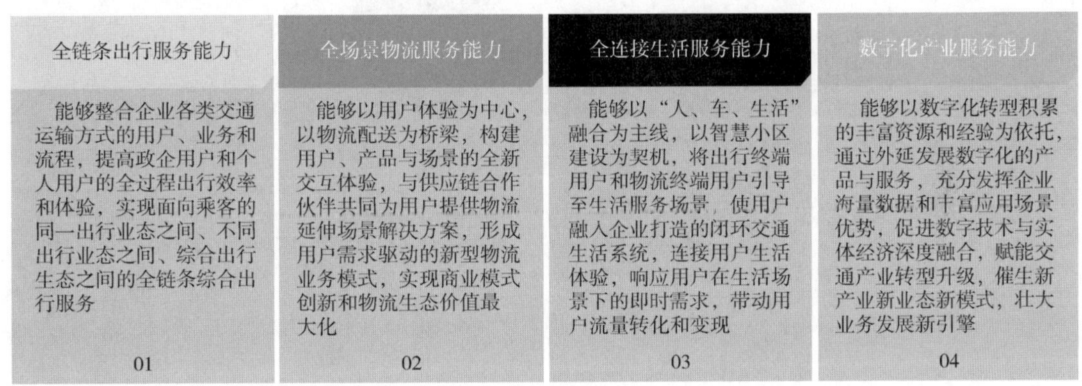

图 6-3 构建精准服务能力，推动商业模式重构与创新

三、构建协同运营能力，创造卓越运营业务全价值

通过构建以业务价值为中心的协同运营能力，为企业生态系统提供开放共享的业务运营体系。实现出行要素数字化全覆盖的出行一体化运营、上下游客户高度协同在线的物流供应链协同、供需精准匹配的线网智能化规划、覆盖事前事中事后全链条的安全风险主动性管理、全周期综合精益化管控的车辆运维全面性管理，如图 6-4 所示。

(1)对于一体化运营能力，能够围绕"人、车(机、船)、线、场、站桩"等运营核心要素，培育出行要素数字化全覆盖的出行一体化运营管理能力，实现智能调度、智能驾驶、智能运维、智能线网规划、智能分析，实时反映生产运营过程，提升业务灵敏度，提高运营效率。

(2)对于供应链协同能力，能够实现车辆、驾驶员、线路、仓储中心、订单、调度、在途跟踪、计费结算、运营分析、综合评价的物流供应链全流程管理，与客户实现业务协同，协助客户将业务在线化、可视化，满足客户个性化服务需求，抓住物流市场拓展机会。

(3)对于主动性安全能力，能够实现安全管控从"事后快速处置"向"事前及时预警"的转变，降低车辆故障率和交通事故率，规范驾驶员安全驾驶行为，为道路运输守住安全红线。

(4)对于全资源运维能力，能够实现车辆(船)运维基础资源的一体化静态管理和车辆(船)全周期动态管理,促进企业车辆(船)运维全过程的综合精益化管控,实现运维资源的效率最大化和成本最低化。

新型能力3：协同运营能力

通过构建以业务价值为中心的协同运营能力，为企业生态系统提供开放共享的业务运营体系。
实现出行要素数字化全覆盖的出行一体化营运、上下游客户高度协同在线的物流供应链协同、覆盖事前事中事后全链条的安全风险主动性管理、全周期综合精益化管控的车辆运维全面性管理

一体化营运能力

01 能够围绕“人、车、线、场、站、桩”等运营核心要素，构建出行要素数字化全覆盖的出行一体化运营管理能力，实现智能调度、智能驾驶、智能运维、智能线网规划、智能分析，实时反映生产运营过程，提升业务灵敏度，提高运营效率

03 能够实现安全管控从“事后快速处置”向“事前及时预警”的转变，降低车辆故障率和交通事故率，规范驾驶员安全驾驶行为，为道路运输守住安全红线

02 能够实现车辆、驾驶员、线路、仓储中心、订单、调度、在途跟踪、计费结算、运营分析、综合评价的物流供应链全流程管理，与客户实现业务协同，协助客户将业务在线化、可视化，满足客户个性化服务需求，抓住物流市场拓展机会

供应链协同能力

04 能够实现车辆运维基础资源的一体化静态管理和车辆全周期动态管理，促进集团车辆运维全过程的综合精益化管控，实现运维资源的效率最大化和成本最低化

图6-4　构建协同运营能力,创造卓越运营业务全价值

四、构建高效管理能力,端到端流程打破职能壁垒

通过构建以流程优化为中心的高效管理能力,为管理者和员工营造卓越高效的工作体验。实现从战略监测、经营监控、管理分析、行动执行四个方面的戴明环(PDCA[1])闭环管理模式,推进财务、人力、采购进行流程优化和管理服务化,释放更多精力聚焦战略增值业务。自动化办公提升领导和员工工作体验,协同管理打破各部门职能壁垒。最终实现对企业关键管理流程的优化重构,建立管理服务标准,提升企业管理效益、经营管控水平和管理层决策效率,如图6-5所示。

(1)对于智能决策能力,能够围绕PDCA经营管理闭环理念,把控企业战略目标、监控经营管理现状、分析经营管理问题、落实整改行动措施,实现企业总体层面的端到端闭环管控。使领导层充分洞察战略决策信息,使管理层实时分析业务运营情况,使执行层及时反馈基础业务信息,强化企业精细化管理的核心竞争能力。

(2)对于共享服务能力,能够打通财务、人事、采购等业务的端到端流程,通过整合资源、统一规则、明确标准、打造平台,为差异化的各业务线提供统一服务和支持,有效降低人力投入成本,发挥财务、人事、采购等业务的战略决策价值。

[1] PDCA:Plan(计划)、Do(执行)、Check(检查)和Act(处理)。

(3)对于自动办公能力,能够为企业及直属单位的各级领导和员工提供集成的协同工作环境,将全业务流程的审批、授权、流转等环节由线下转为线上,实现无纸化办公的绿色智能工作模式。

(4)对于协同管理能力,能够通过建立党建、资产、项目、物业、法务、风控等方面的协同管理模式,优化企业管理流程,推动管理提升与创新,打破部门职能壁垒,实现管理对业务的赋能和服务价值。

新型能力4：高效管理能力

通过构建以流程优化为中心的高效管理能力，为管理者和员工营造卓越高效的工作体验。实现从战略监测、经营监控、管理分析、行动执行四个方面的PDCA闭环管理模式，推进财务、人力、采购进行流程优化和管理服务化，释放更多精力聚焦战略增值业务。

自动化办公提升领导和员工工作体验，协同管理打破各部门职能壁垒。最终实现对关键管理流程的优化重构，建立管理服务标准，高效提升管理效益、经营管控水平和管理层决策效率

智能决策能力

共享服务能力

自动办公能力

协同管理能力

01 能够围绕PDCA经营管理闭环理念，把控战略目标、监控经营管理现状、分析经营管理问题、落实整改行动措施，实现总体层面的端到端闭环管控。

使领导层充分洞察战略决策信息，使管理层实时分析业务运营情况，使执行层及时反馈基础业务信息，强化精细化管理的核心竞争能力

02 能够打通财务、人事、采购等业务的端到端流程，通过整合资源、统一规则、明确标准、打造平台，为差异化的各业务条线提供统一服务和支持，有效降低人力投入成本，发挥财务、人事、采购等业务的战略决策价值

03 能够为企业的各级领导和员工提供集成的协同工作环境，将全业务流程的审批、授权、流转等环节由线下转为线上，实现无纸化办公的绿色智能工作模式

04 能够通过建立党建、资产、项目、法务、风控等方面的协同管理模式，优化管理流程。推动管理提升与创新，打破部门职能壁垒，实现管理对业务的赋能和服务价值

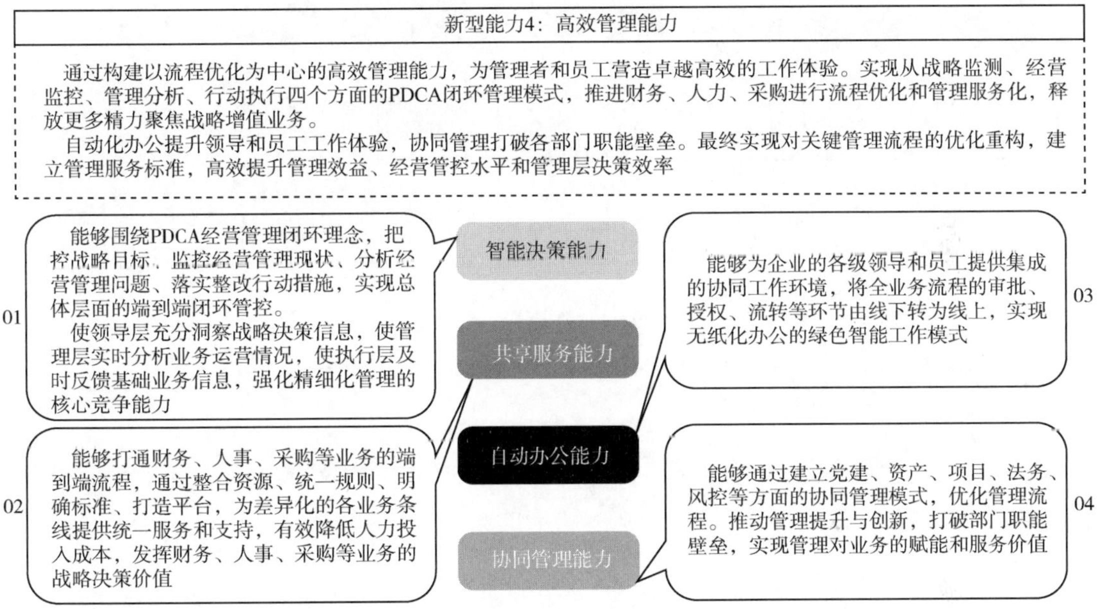

图6-5　构建高效管理能力,端到端流程打破职能壁垒

第三节　数据驱动数字化转型

一、数据体系支撑

数据体系支撑包括敏捷开发体系支撑和数据管理体系支撑,如图6-6所示。

(1)敏捷开发体系支撑能够建立通用模块化微服务,快速应用前端轻量级业务系统,通过标准化模块组装提高开发效率,降低安全风险,掌握核心技术能力,实现架构平台开放和可控。

(2)数据管理体系支撑能够推动数据采集、数据存储、数据标准、数据共享等数据管理体系的统一标准,实现数据管理工作的高效推进和扎实落地,创造数据管理和运营价值。

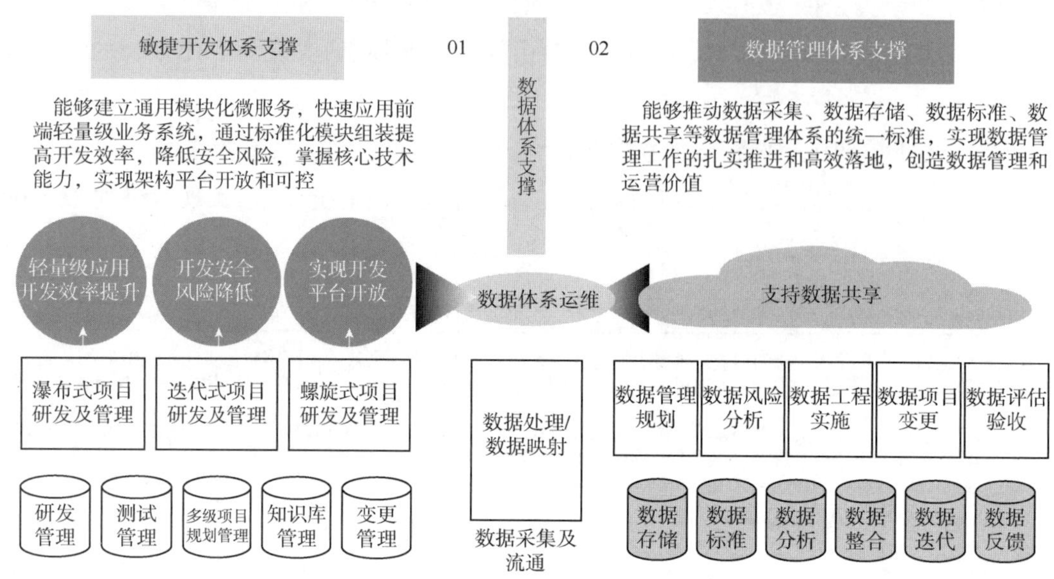

图 6-6　数据体系支撑

二、数字平台支撑

数字平台支撑包括数据中台支撑、业务中台支撑、技术平台支撑和大数据平台支撑四个支撑，如图 6-7 所示。

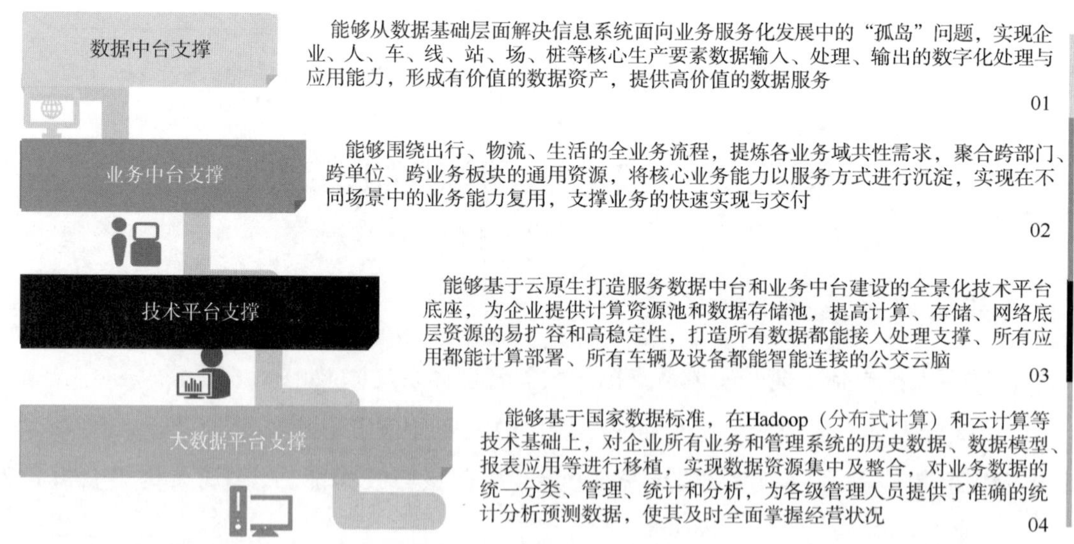

图 6-7　数据平台支撑

（1）数据中台支撑能够从数据基础层面解决信息系统面向业务服务化发展中的“孤岛”问题，实现企业、人、车、线、站、场、桩等核心生产要素数据输入、处理、输出的数字化处理与应用能力，形成对企业有价值的数据资产，提供高价值的数据服务。

(2)业务中台支撑能够围绕出行、物流、生活的全业务流程，提炼各业务域共性需求，聚合跨部门、跨单位、跨业务板块的通用资源，将核心业务能力以服务方式进行沉淀，实现在不同场景中的业务能力复用，支撑业务的快速实现与交付。

(3)技术平台支撑能够基于云原生打造服务数据中台和业务中台建设的全景化技术平台底座，为企业提供计算资源池和数据存储池，提高计算、存储、网络底层资源的易扩容和高稳定性，打造所有数据都能接入处理支撑、所有应用都能计算部署、所有车辆及设备都能智能连接的公交云脑。

(4)大数据平台支撑能够基于国家数据标准，在Hadoop(分布式计算)和云计算等技术基础上，对企业所有业务和管理系统的历史数据、数据模型、报表应用等进行移植，实现企业数据资源集中及整合，对企业业务数据的统一分类、管理、统计和分析，为各级管理人员提供了准确的统计分析预测数据，使其及时全面掌握经营状况。

第四节　建立数字化治理体系

一、组织体系保障

组织体系保障包含敏捷组织体系、技术组织体系和业务组织体系，如图6-8所示。

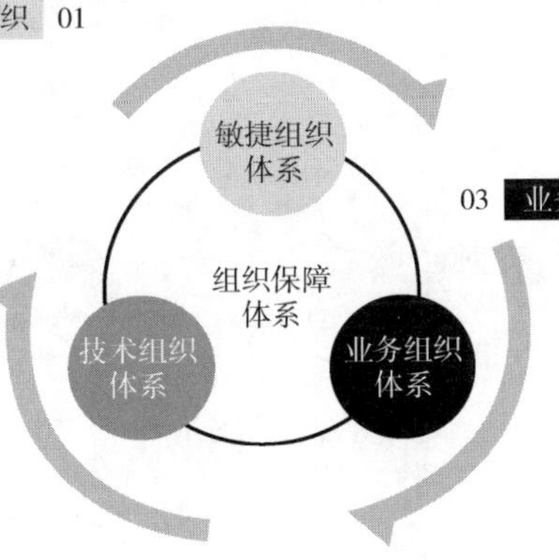

图6-8　组织体系保障

(1)敏捷组织体系。能够通过打造“一把手”牵头、全员共同参与的数字化转型团队，组建“一把手+业务负责人+技术负责人+复合型人才”的既懂业务、又懂技术的敏捷型团队模式，在领导层面及实施层面均由对应层级的“一把手”统筹负责推进，保证数字化转型团队的话语权与执行力，带动企业数字化转型的有效实施。

（2）技术组织体系。能够让技术部门建立诸如“首席数据官/信息官/技术官组织机制、事业部管控型组织模式、数字产业化专业公司”三位一体的技术组织体系，通过对技术部门持续进行资金、人才、授权等资源的投入与整合，强化技术部门在数字化转型过程中的权利、义务、责任，使其转变为与业务部门双轮驱动的复合型职能，为数字化转型的系统性解决方案提供价值保障。

（3）业务组织体系。能够让业务部门根据新型能力建设方向，针对性实施业务流程优化，并增加或调整部门职能、岗位职责，优化人才结构，建立与数字化转型实施阶段相适配的“服务型、共享型、平台型、生态型”迭代升级的业务组织体系，从职能导向型转变为业务导向型，为数字化转型的新型能力建设提供价值保障。

二、人才体系保障

人才体系保障最重要的是能够建设复合型的人才体系，如图 6-9 所示。能够构建数字化人才能力模型，主动完善数字化人才管理细则；严格实施数字化人才盘点计划，寻求数字化人才；注重数字化人才留存，助力企业培养具有业务与数据复合性的数字化人才；打造专业化的数字化人才队伍，为数字化转型提供人才支撑。

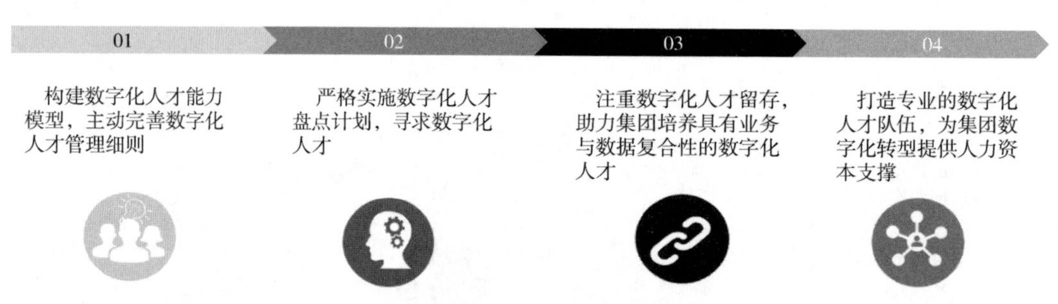

图 6-9　人才体系保障

三、资源体系保障

（1）资源机制体系。能够全面整合、归集、打通企业总部和直属单位的底层数据，做到企业全量数据的透明化，为企业筑牢数据基础。全面整合企业总部及直属单位的软硬件、人员、运维等方面的信息化资源，保证充分调动信息化资源力量，为数字化项目规划建设提供高标准服务。以股权为纽带，以管控为核心，全面加快各单位同类同质的业务资源整合力度，在平台业务模式的创新引领下，发挥业务规模效应，提升业务效能。

(2)资金机制体系。能够加大对数字化转型前期工作推进过程中的投资力度,建立与企业营业收入、经营成本、员工数量、行业特点、数字化水平相匹配的数字化转型专项资金投入机制,拓展资金来源渠道,确保在基础设施、数字化平台、数据采集、业务创新等方面的合理有序投入,以合理稳健的投资策略带动数字化转型工作的有序开展,最终创造转型价值,获得在转型方面合理的投资回报率。

第三部分

交通运输行业
数字化转型路径

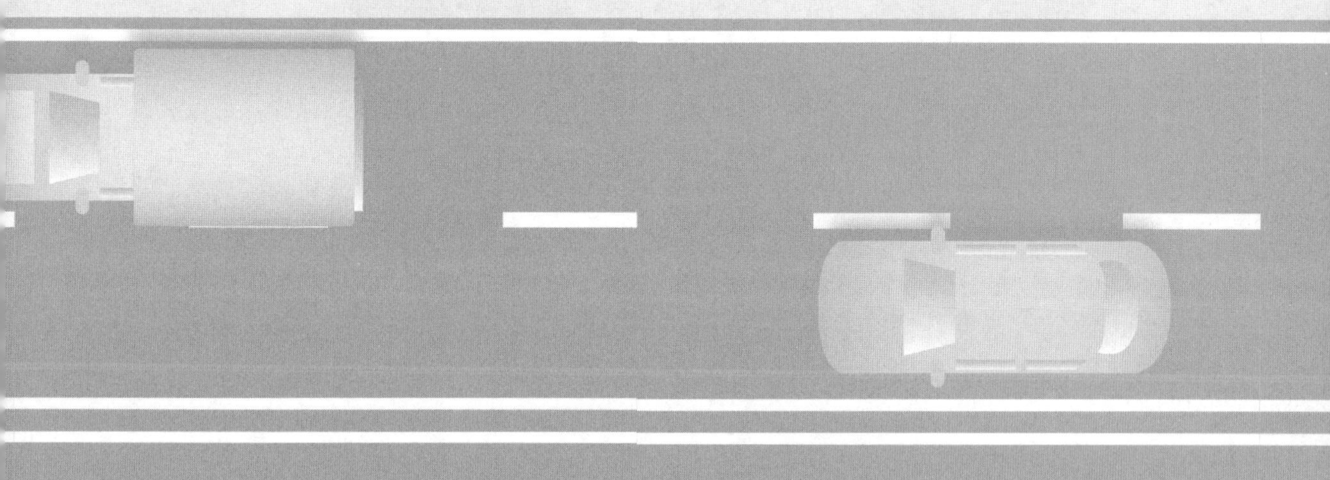

第七章 | 交互设计赋能全景用户

打造以用户交互为中心的全景用户链，创造用户的全周期价值，如图7-1所示。统一用户门户平台，打造为员工服务的统一业务处理平台和向客户展示产品组合的用户服务窗口；建立用户体系，打通线上线下融合的全渠道触点并构建一体化的全域用户会员体系；全域用户运营，搭建客户关系管理平台并建立用户数据运营体系；精准用户营销，打造线上产品矩阵、描绘用户全景画像并建设广告营销平台。通过用户全景化使“企业找到用户，用户找到企业”的双向通路更加顺畅，驱动“用户吸引—用户留存—用户分析—用户转化”的用户循环增长机制更加成熟，为行业业务模式创新和业务价值增长提供坚实的用户基础。

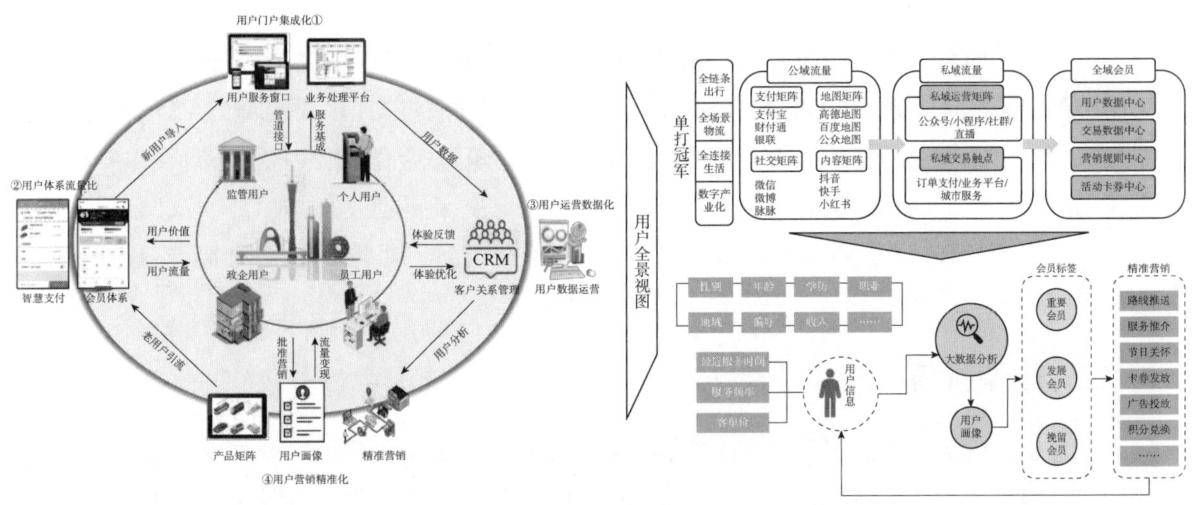

图7-1 交互设计赋能全景用户

第一节 统一用户门户平台

因为交通运输企业大多管控链条较长，二级单位、三级单位数量较多，员工分布较为分散，各单位员工与总部的沟通联络渠道主要依赖于日常会议、办公自动化（OA）通知等形式，不足以让员工了解企业全貌和工作全景，也难以让各层级员工感受统一的企业文化。其次，交通运输企业领导、员工在日常办公中需要应用到较多的信息系统，例如OA、财务系统、集采平台、营运调度系统等，但随着系统数量增多，系统之间的交互越来越频繁，员工需要反复切换不同系统处理相关业务，极大影响了工作效率和工作协同性，更无法实现决策层、管理层、执行层的实时信息贯通。第三，目前交通运输行业大部分的用户资源、品牌资源、业务资源仍然分布在各个业务板块和下属单位，没有在总部层面统一归集，导致不同业务之间缺乏用户的互联通道，无法实现用户资源的共享和复用，无法对公交、客运、物流等行业客户提供跨领域的服务，从而无法掌握客户全景价值链条，造成客户资源的潜在流失。第四，在没有建立统一门户平台的情况下，用户与交通运输企业之间大多是单点互动关系，用户与企业的业务往来大多发生在某个特定场景(如搭乘公交车、搭乘出租车、加油充电等)，缺少渠道将用户从一个业务板块引流到其他业务板块，导致用户不了解企业业务全貌，也可能不了解服务背后主体，无法促进用户在不同业务和业态之间的转化。第五，目前交通运输行业的用户资源和用户信息分别由各下属单位作为主体进行归集和留存，各单位留存用户的信息维度和数据标准均不一致。因此，难以做到在企业多元业务下对同一用户进行多点识别，统筹利用用户信息进行需求分析和精准预测。

一、转型思路

需要将面向员工的后端应用和面向客户的前端应用集成到统一的门户平台上，打造为员工服务的统一业务处理平台和向客户展示产品组合的用户服务窗口。通过统一门户实现“用户集成、业务集成、应用集成、信息集成”，为企业员工、客户、合作伙伴、社会公众提供统一的资源访问入口和个性化的企业信息服务，通过用户单点登录实现企业与用户的双向交流、实时共享，提升组织协同效率、集聚业务用户流量，从而提高企业以用户为驱动的数字化转型核心竞争力。

二、转型价值

通过企业内部门户的统一工作平台，实现员工在企业各业务系统之间的单点登录，从统一的员工用户入口访问各个系统，并在统一的工作平台上构建工作任务的全景视图，实现领导和员工之间、各部门之间、总部和下属单位之间的工作流程协同和数据整合，更好地协同处理待办工作事项，降低各项任务之间发生冲突的可能性，提高员工工作效率和提升工作体验，降低管理成本，帮助员工获得对企业文化的高度认同。

通过企业外部门户的统一用户入口，实现来源于不同渠道的用户在企业外部门户的统一归集，让“交通运输企业找到用户，用户找到交通运输企业”，从而在企业整体层面实现对用户资源进行统筹归集和深入分析，帮助用户建立对交通运输企业品牌和业务组合的全面认知，发展成为企业生态体系内的忠实拥护者，实现用户在企业的高留存和在不同业务之间的高转化，带动企业业务的收入增长。

同时，对于合作方/监管方，通过企业外部门户的统一展示窗口，广泛宣传企业品牌价值和寻求业务合作机会，并帮助合作方和监管方及时获取企业发布的综合动态信息，在用户权限范围内能够自主跟踪企业信息动态，主动与企业建立长期合作的稳固关系，帮助双方充分挖掘潜在的业务合作空间，促进企业业务生态的良性发展。

三、实施路径

（一）在交通运输企业内部门户平台支持工作协同

（1）打造集成的员工个性化工作空间。通过统一内部门户实现对企业各业务系统的集成，员工通过单点登录方式实现办公协同，并能够按照各自工作范围和工作内容定制工作界面，在一套前端界面上完成财务、人力、采购、营销、客服、运营、决策等方面所要完成的工作，有效解决员工因为工作需要而在各个独立的信息系统之间相互切换的麻烦，使内外部信息的交流与共享更加顺畅，实现数字化协同工作，有效提高工作效率。

（2）建立统一的信息管理与发布中心。通过在内部门户建立统一的信息管理与发布中心，帮助企业高效管理全部信息资源，实现企业对信息传递过程的全程控制。统一信息发布中心，简化企业内部各级站点的信息发布工作，使得企业各级站点实现信息发布的统一与规范，提高企业各部室和各单位的信息管理与发布的协同性，使企业文件、规章制度、新闻、交流、公告事项做到及时传播，让员工能实时感知企业发展动态，提升员工工作体验。

（3）建立高效的内部沟通与协作中心。随着企业业务的不断发展，将有越来越多的工作任务需要员工之间的相互协作才能顺利完成，通过企业统一的内部门户，使得员工各自独立的业务职能不再分散在割裂的应用系统中，实现每项业务横跨不同应用系统之间的申请、审批、查阅、监控等各项工作流，做到决策层、管理层、执行层工作流的集中共享，提高企业内部管理效率和业务效率，更好地响应流程变革并适应组织架构调整。

（二）在交通运输企业外部门户平台赋能业务贯通

（1）建立一体化的用户集聚引流入口。通过统一的交通运输企业外部门户，为客户、合作伙伴、监管部门、终端用户等提供“所见即所得”的集成环境，并通过唯一的用户入口统一控制用户对前端业务应用及资源的访问。通过“多个渠道+统一入口”实现用户渠道接口统一、用户信息标准统一、用户线上体验统一，将用户从各个分散的业务板块集聚到企业统一的对外服务窗口，用一套标准为企业接入丰富的基础用户资源和信息。同时，在集聚平台用户资源的基础上，通过门户平台与各前端业务应用的集成，将门户平台用户进一步引流到企业各个业务板块和各项产品服务，实现用户资源在各个业务板块的互联共享，带动用户在企业内部业务生态系统的可持续增长。

（2）打造全覆盖的产品服务展示中心。面向外部用户，根据用户需求将企业面向客户的定制出行、生活平台、医药物流等多源异构的前端业务应用，无缝整合到同一个外部门户界面中，实现用户在企业各业务之间的互联互通，提高业务之间的用户协同性，带动企业各业务的协同增长。基于用户访问目的和用户权限，随时、随地、按需访问企业所展示的全部服务信息，打造具有一站式及全生命周期服务能力的综合服务信息平台和产品服务展示中心。将用户最关心、业务关联最紧密的企业产品和服务优先展示，并可以根据用户需求预测在门户平台上精准推送个性化服务信息，增加用户对门户平台及企业产品服务的使用黏性，从而实现企业业务的市场份额增加和营业收入增长，保持稳定的用户群体。

第二节　建立用户体系

交通运输企业的线上用户资源大多依赖于第三方平台（如微信、支付宝、美团、高德地图等），由第三方平台导入用户流量再提供给出行、消费、一卡通等方面的业务主体，由此导致企业及各单位实际上缺乏对私域用户信息的掌控和应用，无法统一用户信息标准并开展增值服务。其次，已积累的用户信息维度不够全面，从小程序等入口接入的部分用户流量没有实现实名制，缺乏对用户关键信息的收集和掌握，也无法判断用户信息的真实性，无法构建用户全景视图，从而无法实现用户需求的精准分析和深入挖掘。然后，企业很多业务主要采用第三方平台进行结算支付，既要支付一定的手续费，更无法自主开展线上优惠活动、引流拉新等用户营销活动，对企业的业务发展产生制约。再次，企业很多线下业务缺少线上资源的支持和赋能，线上和线下渠道未实现真正的打通，部分线上平台和线下业务存在“两张皮”现象，发挥不出循环增长的协同价值，导致用户在寻求售后服务、投诉、增值服务等方面无法找到统一渠道，也不能在线上实现下单、预约、评价等，导致客户黏性和满意度低、服务透明性差。另外，由于没有建立企业层面统一的用户会员体系，导致用户在企业业务体系内外的流转不畅通，缺乏用户与企业的线上实时互动，很难做到对有效用户的持续留存、对高价值客户的识别挖潜、对潜在用户的吸引拉新，缺少用户留存和用户增长的核心动能。

一、转型思路

为了更好地响应用户需求，企业需要建立完善的用户支付、会员体系以不断吸引新用户，丰富企业用户资源池。一方面，建立统一支付平台，以用户支付为切入点打通线上线下用户渠道，实现“有效”用户的快速增长；另一方面，通过构建一体化的全域用户会员体系，提升“有效”用户在企业业务体系内的“活跃”度，从而增强用户与企业的业务黏性，有利于通过用户增长带动企业业务增长。

二、转型价值

(1)通过统一的企业支付清结算平台采集真实、有效、完整的用户数据信息,解决用户实名制和各单位用户信息标准不统一的问题,以支付入口为依托扩大企业的私域用户流量,并保证用户信息真实性和完整性。

(2)通过线上渠道和线下渠道的融合,能够聚合多类业务的客户资源,扩大企业用户规模。

(3)通过会员体系提升客户体验,使得客户消费和服务透明化,提高客户满意度,锁住存量用户。

(4)集中资源和精力识别并拓展高端客户群体,挖掘高潜力客户价值,获得多元收益增长。

(5)通过企业和下属单位分级分类的清算结算标准体系,实现每一笔交易活动的实时财务结算,提高对账管理效率和透明度。

(6)使用户从多个线上线下渠道与企业产生交互,获取线上实时服务信息和线下用户服务体验反馈,主动建立对企业业务和品牌的黏性。

(7)通过用户会员体系实现在企业业务体系内外的积分流转和成长,将里程/支付金额等转化为可用积分,使用户获取相应的增值服务。

(8)在寻求售后服务、投诉等方面找到企业统一的渠道,实时解决服务质量等方面存在的问题,提高客户满意度。

(9)根据需求以对价或合作等方式获取到企业的用户流量,为自身的业务拓展丰富用户资源基础,实现对规模庞大的乘客等用户群体的品牌引流,实现收入增长。

三、实施路径

(一)在支付平台打通用户全渠道触点

(1)建立支付结算体系。建设企业统一的支付清结算平台,全面支持平台用户账户体系及多渠道支付清结算业务建立,建立企业总部和各单位统一的支付、清算、结算体系。通过支付清结算平台打通一卡通、微信、支付宝、银联等多个支付渠道的接入口,同时为平台用户提供虚拟账户,建立"支付—用户—业务"的自循环体系,从而实现以"支付"作为入口,带动新老用户在企业生态体系内的集聚和沉淀。通过支付清结算平台建立对整个支付、结算环节的运营管理体系,全面管理平台的资金流转过程,不仅保证用户能便捷地完成线上支付,还能按照既定规则将资金快速、准确结算到企业不同的业务单位,降低人工结算的复杂性,使得业务单位实时获得资金流入,提高资金运转效率。

(2)全面覆盖线上触点。以支付清结算平台为切入点,全面铺开企业 App、小程序、公众号、门户网站、社群、人工智能(AI)客服等线上渠道,并以门户平台为依托整合多渠道用户入口,与用户建立直接联系,精准获取用户实名信息和关键数据,为建立实名制用户会员体系打好坚实基础;以“内容”作为线上触达用户的核心方式,结合业务拓展和推广需求,抓住用户社交属性,采用原创文案、热点追踪、软文推广等组合方式,在自有推广渠道和第三方社交媒介上传播企业品牌和服务价值,实现对线上用户的重交流、强互动;在社群、出行社区等多个渠道定期开展有奖活动、文案征集、投票比选等多个具有社交属性的活动,在用户留存的同时,通过老用户主动宣传、老用户拉动新用户注册,实现用户的裂变式增长。

(3)精准布局线下触点。结合业务服务链条,抓住与客户直接沟通的机会,在营运车辆、公交站场、广告牌、行业论坛、合作门店、终端服务、地面推广等线下用户场景中精准宣传服务理念和产品体系;利用二维码和小程序,结合服务评价、信息查询、积分兑换、奖品兑换等多种策略,吸引新用户到线上实名注册,扩大真实用户资源池;以“体验”作为线下触达用户的核心方式,针对公交、客运、出租车、轮渡等与用户频繁发生交互的日常业务场景,为驾驶员和直接面向乘客的服务人员建立统一的服务标准体系,为线下用户带来“所见即服务”式的极致用户体验,实现线下用户的持久留存。

(4)线上线下相互赋能。通过线下触点精准布局,增加真实用户向线上的迁移,为用户留存与用户画像提供数据资源和流量基础;通过线上触点全面覆盖,实现线上用户引流到线下服务场景,促成服务购买和业务拓展。围绕用户全渠道触点,打造线上线下一致的用户体验和互通的渠道入口,实现线上线下渠道的畅通无阻和相互赋能,精准采集全渠道的用户特征、用户行为、用户交易等重要数据,不断拓展企业全领域的用户资源池。

(二)构建一体化的全域用户会员体系

(1)建立企业的私域用户流量池。依托门户网站、二维码、微信群、公众号、一卡通小程序、出行 App 等全渠道用户触点,统一企业用户实名制注册入口,充分整合公交、出租车、客运、轮渡等出行服务以及充电、加油、维修、教育培训等生活服务的用户资源,为一体化的用户会员体系提供真实、准确、全面的用户基础数据,建立企业自身的私域用户流量池,成为企业业务发展的核心竞争力。

(2)统一搭建 C 端(消费者)用户会员体系。企业对出行、生活等全业态的 C 端用户进行统一管理,增强用户黏性,实现对用户的精细化运营;在私域流量池基础上构建包括会员权益获取、会员权益使用、会员信息推送、会员服务引导、会员等级成长等功能在内的 C 端用户会员体系模型,为企业业务资源整合、乘客需求挖掘、高价值用户识别、运营策略优化等方面筑牢底层用户信息基础;践行“以客为尊”的服务理念,实现企业和各直属单位用户共用一张“会员卡”,提高会员用户对企业品牌的忠诚度。

(3)分级搭建B端(商家)用户会员体系。围绕政府和企业的业务场景,企业对商务(公务)出行、物流等全业态的B端用户进行统一管理;建立面向政企用户的B端会员体系,根据行业属性和业务模式对不同客户群体进行分等分级的差异化会员制管理,通过对重要客群的重点管理提供精准的大客户服务;在建立政企用户会员体系、获取政企大客户"法人用户信息"的基础上,寻找与政企单位客户的各层级员工产生直接交互的渠道和场景,建立政企单位员工的会员体系,精准拓展面向政企单位员工的C端用户资源池,挖掘多元需求,推动政企单位员工向企业其他产品服务的引流和转化,创造政企单位员工的用户价值。

(4)拓展会员体系合作共享模式。利用沉淀的海量用户数据,拓展与外部生态的会员合作模式,打通与微信、支付宝、高德地图、百度地图、美团等外部平台会员体系的交互及权益共享功能,拓展全域用户流量池,实现多个触点对同一用户的识别,构建更加全面精准的用户画像;挖掘用户行为数据中蕴含的商业价值,延伸用户传统乘车场景的边界,实现向企业和生态伙伴其他生活消费业态的用户引流,从而使用户流量的业务价值变现。

第三节　全域用户运营

目前交通运输企业在乘客等客户关系管理方面大多通过公众号、企业社区以及自建的微信群等方式,导致客户关系不能做到大规模、标准化管理,管理方式相对被动,不能大批量精准获取客户信息及反馈意见,从而不能针对性地进行行为分析和管理。其次,对用户体验旅程的掌握程度不足,缺乏对用户痛点、用户想法、用户服务感受等用户体验信息的分析,导致不能从用户实际需求出发改善供给侧服务以提升用户体验,服务提升的投入产出比不高。另外,缺乏对用户数据的分析能力,用户静态信息和动态信息存储在不同载体中,没有充分整合起来进行统筹分析,同时也缺乏用户分析的指标体系,无法通过后台数据反映用户画像、用户生命周期、区域分布、新老客户、客户活跃度、复购率与转化率等用户定量指标。

一、转型思路

建立全域用户运营体系,一方面建设客户关系管理平台,构建客户关系管理模式,统一客户服务管理体系,打造全域体验联动机制,持续监测评价用户体验;另一方面,在积累丰富用户数据资源的基础上,建立多渠道的用户运营数据指标体系,开展对各渠道用户数据的整合与分析。

二、转型价值

在统一的客户关系管理模式和体系下实现对用户资源的高效运营,加强客户关系管理和维护,向客户提供创新式、个性化的交互服务,吸引新客户、维系老客户、将已有客户转化为忠实客户，获取客户增长带来的业务和市场增长；在统一的客户关系管理平台中准确获取并记录每个客户的信息，包括性别、年龄、职业、联系方式等基本信息以及起讫点（OD点）、出行时间、出行目的等行为信息，成为有价值的数据资产；减少人工处理客户投诉等方面的人工成本及业务工作量，高效提升自动回复率及回复速度，实时解决用户问题；全面掌握乘客出行数据，精准预测分析乘客出行需求，既加强驾驶员营运过程的科学协助，也推动出租车、定制公交等出行服务订单数量持续增加。

客户可以在多个渠道针对不同问题进行投诉或建议，简化与企业沟通的方式，通过实时反馈解决客户问题，获得良好用户体验；客户获得针对自身特征及偏好的定制化服务，能够增强自身在出行、生活等方面的体验感和满足感。

三、实施路径

（一）建设客户关系管理平台

（1）构建客户关系管理模式。基于用户会员体系的搭建基础，通过客户关系管理平台构建统一标准的客户关系管理模式，高效实现前期的需求预判、客户特征洞察，中期的服务精准保障、产品精准推荐，后期的体验汇总收集、数据分析完善；统一客户信息标准，自动归类客户信息，对海量乘客信息按乘客目的、乘车方式、乘车区域、乘车时间、乘车频率等维度进行分层，筛选出高价值乘客群体进行重点维护，挖掘增值需求；为业务资源、产品服务、用户需求提供基础信息，并实现企业内部客户资源共享，直属单位之间互相引流，实现互利共赢。

（2）统一客户服务管理体系。在用户端统一客户服务和投诉入口，并且客户投诉信息自动关联匹配驾驶员、线路、站点、时段、环境等信息，实现对客户投诉数据的综合利用和分析，为服务管理提升和驾驶员监督评价提供依据；形成对公交、出租车、客运、渡轮乘客服务的闭环管理机制，自动跟踪每单行程数据并与驾驶员、车辆、客户、行程信息关联，实时记录并处理客户反馈情况和服务评价，降低客户流失率；通过话务系统引入智能语音导航，在线客服部署智能客服机器人，新媒体客服引进在线语音客服及视频客服技术，提升乘客端自助式体验，形成业务快速普及、电话精准分流、资源合理调配的智慧客服能力。

（3）打造全域体验联动机制。建立内外部的全域体验联动机制，培育一批企业用户体验官，持续打造公交忠诚粉丝客群。对内发展员工体验队伍，通过体验调研、同业分析、客户旅程、客群研究等工作，收集客户对全企业业务及数字化渠道的意见和建议，让员工成为用户体验的代言人；对外发展客户体验官队伍，积极开展线上线下体验主题活动，近距离倾听客户心声，使客户参与交通服务体验改善工作，成为交通服务的先行者、监督者、分享者，促进企业形成良好的体验口碑。

(4)持续监测评价用户体验。建立用户数据分析和体验全链路跟踪管理闭环机制,设计一套横向可对标、纵向可追踪,能够全面、客观、系统衡量数字化渠道能力的用户体验指数模型;以用户旅程为线索,全面分析影响不同数字化渠道用户体验的关键环节和痛点,在客户关系管理平台中构建覆盖企业全部数字化渠道的用户体验监测评价系统,实现全流程客户体验实时监测、全渠道客户意见实时反馈收集,不断提升渠道服务质量和用户体验水平。

(二)建立用户数据运营体系

(1)建立多渠道的用户运营数据指标体系。围绕门户网站的PV[1]、UV[2]、IP[3]、日活、新增用户数、订单,App渠道的用户端下载量、日活,线下渠道的客流量、OD点、新老乘客、乘车次数等核心数据,建立企业线上、线下渠道相互融合的用户运营数据指标体系,从宏观把握各渠道用户运营状况,从微观深入理解用户群组特征及用户行为。

(2)开展对各渠道用户数据的整合与分析。在全渠道用户运营的环境下,通过线上和线下用户数据融合,识别同一用户的线上、线下行为数据,并对线上线下的行为数据进行整合、洞察,形成针对用户全域的标签化管理,为描绘用户画像建立数据基础;智能分析预测乘客需求,通过客户关系管理平台和综合出行服务平台、协同营运管理平台的互联互通,全面掌握乘客出行数据,将乘客出行特征,例如出行习惯、用车需求、上车点类型等重要信息与实时道路和站场信息相结合,精准预测分析乘客出行需求,形成乘客热力图,既加强驾驶员营运过程的科学协助,也推动出租车、定制公交等出行服务订单数量的持续增加。

第四节　精准用户营销

交通运输企业缺乏有效的营销渠道和方式,品牌宣传和业务推广过多依赖人工方式,例如驾驶员多通过熟人了解行业及企业情况,信息滞后严重,品牌形象弱化,也限制创新业务的有效拓展;缺少信息化工具对宣传推广情况的精确统计和分析,难以评估宣传效果,无法为品牌拓展提供数据支持,也无法针对宣传推广的薄弱点进行合理改进;广告资源和广告能力以线下为主,对新媒体、新渠道、新机制的利用程度有待完善提升,尚未发挥出广告传媒的精准营销功能,未能利用线上广告投放将用户引流到企业生态内外的各项产品服务,从而不能实现交叉营销和推广。

---

[1] PV:Page Views,网站浏览量,指页面的浏览次数,用以衡量网站用户访问的网页数量。

[2] UV:Unique Visitor,独立访客数,指1天内访问某站点的人数,以cookie为依据。

[3] IP:即独立IP数,指1天内使用不同IP地址的用户访问网站的数量。

一、转型思路

在用户体系和用户运营的基础上，通过打造线上产品矩阵、描绘用户全景画像和建设广告营销平台，达成线上广告资源的科学配置和用户精准服务的高效回报，从而实现对用户的精准营销以及用户流量价值变现。

二、转型价值

通过用户信息资源及大数据分析技术建立用户全景画像，分析客户活跃度、行为偏好、区域分布等高阶画像信息，为客户推荐对应的企业产品，实现对主辅业务的引流和用户流量变现；通过开展线上营销，集中各业态力量，综合打造企业主品牌及子品牌，提高品牌知名度和企业竞争力，并降低宣传推广的人工成本；实时掌控企业舆情，为品牌和业务拓展提供决策支持，及时维护企业正面形象。

对于客户，实时接收到出行、充电、加油、维修、物业租赁等优惠信息，获得高品质的服务体验，满足个性化出行生活需求。对于生态合作方，实现用户资源共享，为客户共同提供一揽子产品服务，实现与产业生态合作伙伴的资源共享和互利共生；以低成本扩展数字化营销触点，实现跨行业、多场景、多业态融合的精准营销，实现多源收入增长。

三、实施路径

（一）打造线上产品矩阵

依托门户网站、App、公众号、微信小程序、支付宝小程序等多渠道统一的官方产品服务前端展示界面，完成公交、轮渡、出租车、客运、物流、维修、教培、智慧交通等自营产品服务的线上展示布局，形成用户统一、多端联动的数字化产品服务直销能力，为精准营销提供出行生活全链条集成的产品服务库。

（二）描绘用户全景画像

基于用户会员体系和客户关系管理平台积累的海量用户信息，描绘360°用户全景画像，通过精准聚类实现对用户的组群化管理；挖掘潜在客户，通过对用户线上和线下渠道的行为特征、出行习惯等进行画像分析，针对性地开展广告宣传，实现对各类出行、物流、生活服务的引流获客，将潜在人群转化为新客户；维稳存量客户，对成熟或衰退客户的行为场景、用车渠道、竞品服务等进行画像分析，实现出行、物流、生活服务的交叉营销，提高留存客户的复购率，增加客户忠诚度和黏性，延长客户生命周期价值，为精准营销提供全周期的存量客源保障。

(三)建设广告营销平台

探索将广告信息化平台升级为生态协同的开放式广告营销平台,与零售、餐饮、旅游、金融服务等多个领域的主流平台实现用户资源共享;通过平台引流与合作方共同为客户提供一揽子产品服务,构建客户精准分类、广告精确投放、出行精心服务、后台高效保障的全链条集群,打造具备产品触达和营销交互能力的交通生活营销服务生态,实现与产业生态合作伙伴的资源共享、互利共生;以低成本扩展协同开放的数字化广告营销触点,通过与生态伙伴的会员权益互换、营销活动融合、多态产品融合等方式,实现跨行业、多场景、多业态融合的用户精准营销。

第八章 生态体验推动精准服务

打造以生态体验为中心的精准服务链,满足用户个性化的服务需求。围绕出行全链条,建设垂直出行服务平台和综合出行服务平台;围绕物流全场景,建设城市末端配送服务平台、场景物流生态服务平台和用户生活场景解决方案;围绕生活全链接,建设全链条车生活服务平台、企业生活社区服务平台和本地生活综合服务平台;围绕数字产业化,打造智慧交通解决方案、自动驾驶新业态和碳排放交易平台。通过平台建设挖掘用户需求,提升用户体验,并将用户流量导入其他服务场景中,在各类服务场景的循环迭代中不断提升用户的变现能力。同时,延伸发展智慧交通解决方案、自动驾驶新业态和碳排放交易平台等,加快企业数字产业化进程,找到智慧交通业务增长空间。

第一节 建立出行全链条

目前公交、出租车等客运出行服务经营处于瓶颈状态,外部客流资源不断受地铁、网约车、共享单车等多元出行方式的冲击而分流;企业出行业务类型虽然较为丰富,但并无统一的出行平台能一站式解决用户全部的出行需求,也未能有效利用庞大的运输主业用户群体,创造其他服务增值;客运出行的创新业务例如包车业务等业态,以固定包车模式为主,并且部分定制客运业务与第三方定制平台合作,造成定制线路效益较差,使企业不能掌握线路主导权,难以满足数字化商业模式的创新需求;出租车在巡游车模式下,扬召订单无法识别乘客身份,每一个订单都是一个新客户,每一次服务都是新体验,难以为客户提供增值服务;电召订单流程烦琐,乘客、话务员、驾驶员之间需要进行多轮电话沟通,用户服务体验较差,发展空间受限。

一、转型思路

打造企业一站式出行品牌与平台生态,整合各类交通运输方式的用户、业务和流程,提高政企用户和个人用户的全过程出行效率和体验。通过“垂直出行服务平台—企业级综合出行服务平台—生态级综合出行服务平台”的有序规划,如图 8-1 所示,实现面向乘客的同一出行业态之间、不同出行业态之间、综合出行生态之间的全链条综合出行服务。

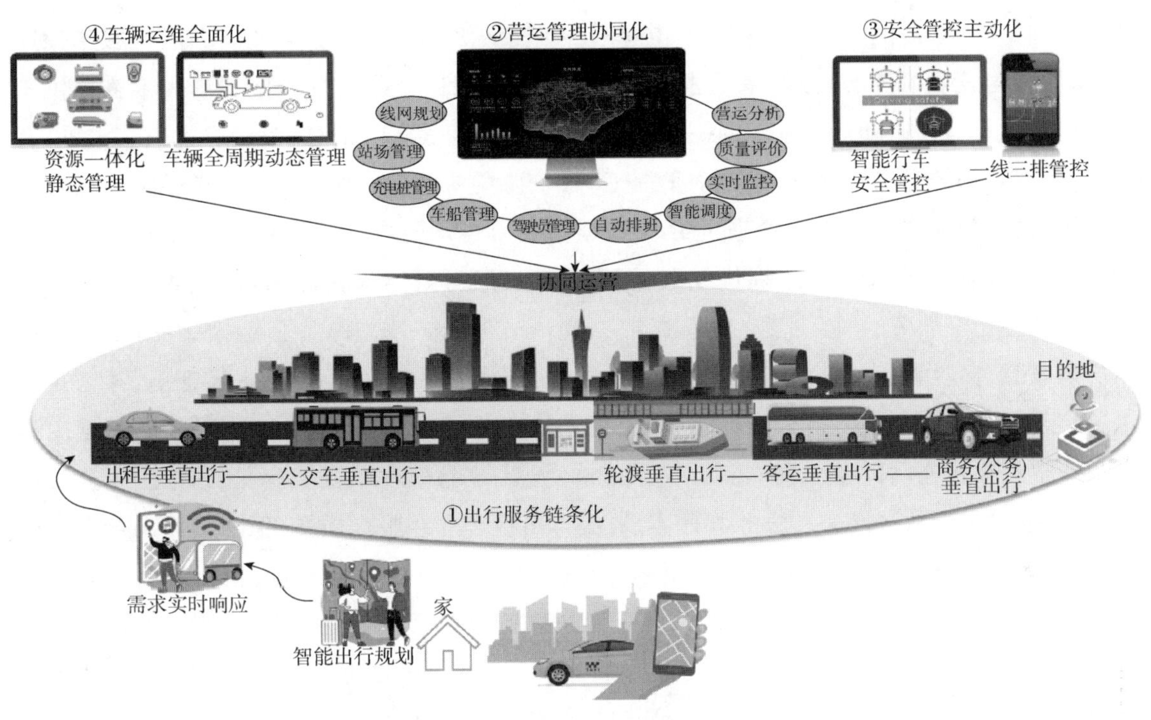

图 8-1　建立出行全链条

二、转型价值

通过平台模式挖掘潜在客户价值、优化出行服务经营业态，让公众有更好的出行体验，针对高端客流的创新业务实现高效发展，获得平台用户规模增长，保障营业收入稳定性；通过出行平台与车辆生产企业、其他平台的互联互通，利用大数据技术和智能算法为旅客提供随需定制的创新服务，完善行程丰富的班线及车辆资源，提高车票收入、服务费收入和增值服务收入；由出行平台生态带动广告、商业、旅游等其他服务产业增长，形成良性业务生态循环；通过一站式出行平台打破各出行业态之间的壁垒，发挥资源协同价值。

对于驾驶员，通过平台模式变革实现订单增长，提高驾驶员收入和工作效率；对于乘客，通过一站式出行平台提高乘客全过程出行效率和体验，最大化节约出行时间、提高出行全过程的个性化和定制化体验；对于行业监管方，通过平台协同实现对出行全链条的驾驶员、乘客行为的实时动态监控，保障全市交通出行安全和市民出行体验；对于生态合作方，通过出行生态平台带来的用户流量，实现各出行服务模式的互补，共同创造生态协同价值。

三、实施路径

（一）打造垂直出行服务

建设常规公交和定制公交一体化的公交出行服务平台，统一常规公交和定制公交的平台用户入口，为乘客提供定制化、灵活化、共享化的城市公交出行服务，实现公交出行服务一体化管理，并为企业综合出行服务平台提供公交车接口；通过交通出行数据共享为乘客提供车辆实时位置、预计到达时刻、车内拥挤程度、路况堵塞程度等实时信息，为乘客提供有温度、有效率、有保障的公交出行服务，并推动车上三牌（交强险标志、车辆年检标志和环保标志）、电子站牌、语音预测播报的协同联动；运用大数据精准预测公众的实时乘车需求，实现线上实时预约、自主选点上车、即时动态提供线路，探索将公交服务升级为便捷出行、灵活乘车的需求响应式动态公交服务。

与政府合建出租车“巡+网”出行服务平台，实现出租车出行服务一体化管理，并为企业综合出行服务平台提供出租车接口；利用出租车协会的影响力，与交通运输局共同制定出租车行业巡网融合建设标准，推动全市出租车统一安装智能车载设备、统一接入“巡+网”出行服务平台、统一遵从巡网融合服务监管体系，提升出租车行业服务质量、保障乘客出行合法权益、改善出租车市场环境，实现全市出租车智慧出行一盘棋；面向乘客端，出租车出行服务平台通过“自营+聚合”模式让公众既能聚合主流网约平台实现全渠道叫车，又能通过自营平台实现对附近车辆的一键式“云扬召”，还能够得到实时查看并自主选择驾驶员、车型、路线等定制服务，并对驾驶员进行多维度服务评价与投诉，从而覆盖乘客出行前、中、后全链条；面向驾驶员端，通过智能车载设备内嵌“巡+网”出行服务平台并关联计价器，能够聚合第三方平台的网约出租车订单和自营平台的线上扬召订单，以线上订单增长提高驾驶员营运收入，降低车辆空驶率；面向监管端，通过平台信息共享，实现融合车辆基础信息、驾驶员、计价器、道路状况等实时数据的“一车一码一状态”，助力政府监管部门对全市巡游出租车实施多维度运营监控、车辆实时调度、异常状况及时预警和安全防控等行业监管功能。

建设班车客运、定制客运、客运公交一体化的客运出行服务平台，统一班车客运、定制客运、客运公交的平台用户入口，实现客运出行服务一体化管理，并为企业综合出行服务平台提供客车接口；围绕“班车客运、机场专线、旅游专线、校园专线、城际公交”等客运出行的全场景，推动客运出行服务平台与多家车辆生产企业、其他网络组客平台数据的互联互通，利用大数据技术和算法聚合行程丰富的班线及车辆资源，为旅客提供随需定制的客运创新服务，拓宽客运订单来源渠道。

建设渡轮一体化的水上出行服务平台，统一渡轮的平台用户入口，实现水上出行服务一体化管理，并为企业综合出行服务平台提供客轮接口；通过与高德地图、百度地图等第三方平台的信息共享，逐步探索水上实时公交功能，并向用户智能推荐水上公交线路；通过水上公交电子站牌、移动端 App、小程序，让乘客精准掌握船舶到站时间、船上空余座位等信息，提升水上出行体验；打通水上公交、珠江游、轮渡码头、周边商圈等场景的用户渠道和信息渠道，通过渡轮乘客、珠江游乘客、品牌商家等用户的一体化管理，实现轮渡和珠江游的用户流量相互转化，并通过平台为旅客和品牌商家提供游船主题和游览线路的交互设计方案，增强水上出行场景下的用户体验和生态体验。

建设长租、短租、分时租赁一体化的商务（公务）出行服务平台，统一长租、短租、分时租赁的平台用户入口，实现商务（公务）出行服务一体化管理，并为企业综合出行服务平台提供商务（公务）租车接口；在直营模式和聚合模式的双重驱动下，为政企单位用户提供用车全流程的体验式服务和精细化管控，让单位员工在用车前自主配置用车规则，支持用车时段、地点、车型的灵活配置、每单限额设置和组合支付方式；在用车中灵活覆盖"差旅用车、加班用车、日常公出、活动接待、会议展览"等多种用车场景，实现面向政企单位员工的场景式引流；在用车后实现单位员工统一结算并支持多种发票开具方案，为政企单位管理者提供员工在线用车管理报告，实时追踪与分析单位员工覆盖全场景的公务商务消费情况，帮助政企单位降本增效和保持廉洁透明。

（二）打造综合出行服务

建设企业级综合出行服务平台，实现企业各类出行业态的用户、业务和流程整合，整合企业多种城市交通运输方式的线下运力，集成公交、出租车、客运、轮渡、商务（公务）租车等垂直行业出行服务平台，推动各类交通运输客票系统的充分开放接入，深化多源异构数据融合，实现出行服务场景之间、用户之间、账户之间、数据之间的互联互通；以场景为维度，让政企用户和个人用户在综合出行服务 App 或小程序中可以定制自己的差异化出行服务套餐，在"常规出行、旅运融合、摆渡用车、预约用车、即时用车、集体活动"等各类出行场景下享受各种交通方式衔接的全链条出行服务，提供"一站式、一票通"的出行服务体验，让用户减少对私人汽车的依赖，更多选择公共交通的绿色出行方式，全面提升智慧城市出行服务水平。

建设生态级综合出行服务平台，将企业级综合出行服务平台与地铁、航空等其他出行场景和加油站、充电站、维修店等生活服务场景开放连接，真正构建出行全链条和互利共赢的智慧出行服务新生态，实现更高维度层面的不同交通方式之间、不同地域之间、不同组织之间、不同业态之间的互联互通，成为旅客数字化出行生活"管家"，为旅客提供真正"门到门"的全程出行定制服务，带来极致的一体化、端到端的出行生活服务体验。

第二节　打造物流全场景

物流等业务模式因为业务标准化程度低、主要面对 B 端客户、与客户接触渠道有限等问题，不同项目之间的差异性较大，导致对数字化转型的需求更多体现在内部管理和运营方面，而非产品服务创新本身。其次，物流行业的 B 端客户需求多变，现有业务模式和信息化平台很难满足全部的客户个性化需求，业务规模扩张和用户增长会受到极大的限制。另外，目前物流业务在终端配送、商业服务等接近用户的服务节点方面存在链条缺失，无法满足下游商户门店和终端用户的实际需求。

一、转型思路

打造全链路场景物流服务生态(图 8-2),以用户体验驱动为中心,为供应链上的客户提供智能化、场景化的解决方案,改变以往订单驱动主导的物流业务模式,实现自身商业模式创新和物流生态价值最大化。通过交付触点感知终端用户碎片化、个性化、实时化的需求,以物流配送为桥梁构建用户、产品与场景的全新交互体验。通过"城市末端配送服务平台—场景物流生态服务平台—用户生活场景解决方案"的有序规划,与供应链合作伙伴共同为用户提供全场景的解决方案,在用户体验方面不断迭代,创造用户终身价值。平台内的各方资源在协同运营中可以持续优化产品、服务和技术等方面的协同能力,从而实现生态共赢的良好局面。

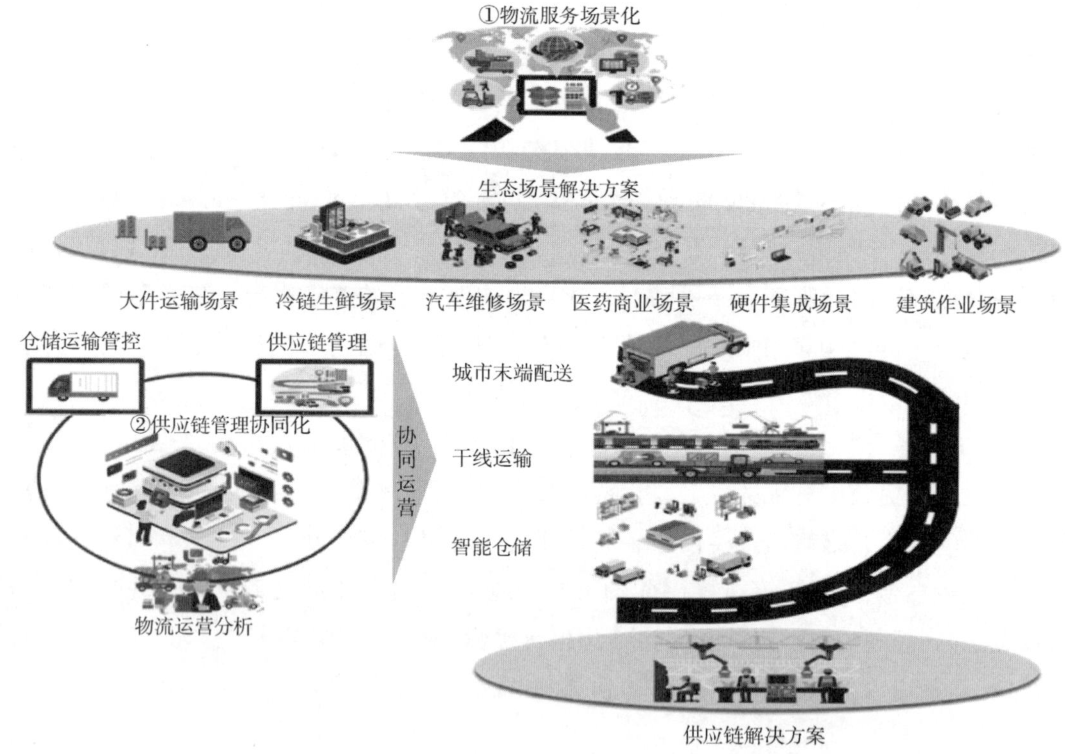

图 8-2　打造物流全场景

二、转型价值

以用户体验驱动为中心,改变以往订单驱动主导的物流业务模式,实现自身商业模式创新和物流生态价值最大化,找到业绩增长的第二曲线;通过交付触点感知终端用户碎片化、个性化、实时化的需求,以物流配送为桥梁构建用户、产品与场景的全新交互体验,创造用户终身价值;标准化仓储、运输、配送作业流程,形成多种融合解决方案提供给客户选择,通过多种服务计费模式增加业务收入；促使 B 端业务和 C 端业务融合发展，利用 C 端业务拓展 B 端业务发展，减低运营成本，提升作业时效，提升客户体验。

对于终端用户，将原先散点式、偶发式的购买行为转变成以场景为核心的一站式解决方案，挖掘自身的消费需求，便利各种场景下的用户生活体验，获得个性化的场景体验服务，通过需求反馈获得极致场景体验。对于生产企业/品牌方，享受到仓储和送装一体的增值配套服务，提高企业供应链效率；通过平台收集的终端用户个性化需求及产品反馈意见，间接触达用户的真实需求和想法，不断迭代产品设计和制造工艺，并实现按需生产，提高生产效率，降低生产成本；通过一站式场景解决方案获得更多消费者信任和用户资源，实现自身业务规模扩张和渠道开拓。

三、实施路径

（一）延伸物流服务交付触点至终端用户

依托医药物流、冷链物流等物流业态丰富的 B 端货主和品牌方资源，精准把握货主和品牌方对“城市最后一公里”末端配送的需求，为货主和品牌方提供高度协同的配送服务，以此为契机不断延伸物流服务与终端用户的交付触点；通过“到户交付”模式，在“最后一公里”配送中建立高质量、覆盖范围广、精准到户的网络布局；通过与用户“零距离”交互，实时了解用户需求及反馈，在客户关系管理平台中不断丰富物流领域的 C 端用户资源池，为打造场景物流生态建立精准的用户需求迭代反馈渠道；同时也与综合出行服务平台、本地生活服务平台的用户渠道打通，建立社区化的微小触点网络，实现各服务链条之间的用户精准引流。

（二）建设开放式城市末端配送服务平台

在“最后一公里”到户交付服务的基础上，以“众创”“众包”模式为核心，建设融合开放的城市末端配送服务平台；在集聚企业自营配送车辆和驾驶员资源的基础上，一方面通过渠道拓展为平台接入更多经销商、商户门店、干线运输公司等“货源”，另一方面将平台开放给社会上的小微车主等“运力”；引入车主培训机制、客户打分机制、绩效评价机制等，提高用户服务质量、降低自身运营成本，扩大终端用户的资源流量；通过透明化的平台建立消费者、商品以及车主即时的移动交付场景，使用户能全程追踪商品信息，直接联系车主更换配送时间和地点，保障用户在配送环节的话语权；将终端上门送货服务作为平台产品迭代的触点，通过现场交互零距离接触消费者获取用户痛点和场景需求，通过交付环节的品质化服务将用户吸引到平台上来，并最终将其演化为终身用户；对沉淀下来的用户数据和消费数据进行大数据分析和订单预测，挖掘服务延伸场景，既帮助货主和品牌商根据用户反馈情况进行产品迭代更新，也为联合生态资源方为用户提供场景解决方案打好坚实基础。

（三）建设场景物流生态服务综合性平台

以医药、冷链、大件运输等领域积累的行业资源为能力基础，融合全物流领域的品牌方、资源方和用户等行业生态资源，将全流程中的触点共同汇聚到同一个生态系统内，共同打造最佳体验的全场景解决方案，实现产品物流到场景物流的跨越式发展；深度赋能供应链上下游，通过场景物流生态服务平台为上游供应链B端客户提供全流程仓配服务，满足上游物流需求，为下游供应链C端消费者提供场景方案服务，满足下游个性化需求，从而实现价值链的延伸和商业品牌的转型。通过平台模式快速发展，使物流企业技术能力和服务能力迅速增强，打破原有竞争维度，使价值链得到延伸，获得新发展空间；品牌方通过一站式场景解决方案获得更多消费者信任和用户资源，实现自身业务规模扩张和渠道开拓；用户获得个性化的场景体验服务，通过需求反馈获得极致场景体验。

（四）整合资源提供一体化场景解决方案

在场景物流生态服务平台下，围绕用户需求整合资源优势，实现供应链共享、仓储设施共享、配送资源共享、数据共享、技术共享、用户共享，优化资源配置和业务流程，提供一体化场景解决方案，拓展物流服务的生态边界，实现制造、流通和消费的无缝对接，创造新的价值链；连接产业链上下游，打通端到端信息通路，倒逼上游生产效率、资源配置能力和交易效率提升，让用户在平台上可以找到定制化的场景解决方案，满足全场景需求；与平台生态合作方共同设计产品、扩大市场，实现对用户的事前定制设计、事中全程可视、事后持续服务，获得除物流收入外来自品牌商和平台的高额分享回报。

（五）延伸多行业跨区域的场景解决方案

搭建跨行业和区域的场景物流生态，以海量触点网络及物流供应链全链路为核心，夯实全流程、全渠道、全网定制的供应链解决方案能力，并且不断向汽车后市场、工业制造、消费品、化工产业等领域延伸，实现家装、餐饮、出行、康养、健身、维修等全场景覆盖，以此实现多方共创、共赢；与企业内外的汽车服务公司合作助力汽车后市场服务升级，打造维修件仓配物流中心，实现供需端直接匹配，提高配送效率，优化维修终端用户体验；通过拓展生鲜、医药等高频商品的终端用户，反哺自身医药物流和冷链物流业务，实现需求循环迭代。

第三节　实现生活全链接

企业除了出行和物流外其他业务的规模体量较小，缺乏延伸和增值业务，很难仅依赖自身资源和能力形成具有竞争力的优势产品；企业各类创新业务未整合到统一的平台进行管理和运营，业务拓展渠道分散，无法满足不同客户的个性化和定制化需求，不利于业务宣传及进一步的市场拓展；各新业态之间、新业态与主业之间的联系较为割裂，更多承担内部服务功能，导致除充电、停车、加油、维修等服务之外无其他对外拓展的增值配套商业服务，造成资源浪费。

一、转型思路

建设全连接的智慧生活服务平台（图 8-3），以“人、车、生活”融合为主线，以智慧城市和智慧小区建设为契机，整合内外部资源，引导出行终端用户和物流终端用户至生活服务场景，使用户融入企业打造的交通生活闭环生态系统，实现用户全场景交互和全连接体验。通过“全链条车生活服务平台—公交生活社区服务平台—本地生活综合服务平台”的有序规划，响应用户在各个生活场景下的即时需求，带动流量转化和变现。

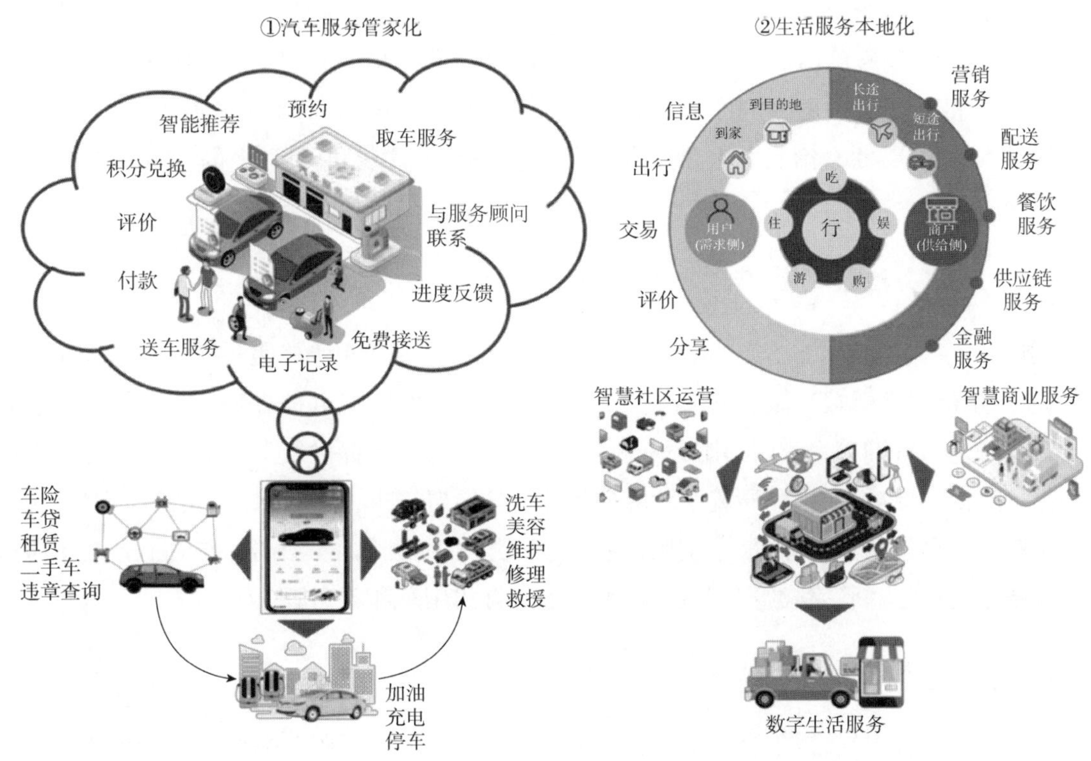

图 8-3　实现生活全连接

二、转型价值

企业内部各单位资源协同联动，整合线上线下业务，通过平台开展统一经营活动，提升企业资源利用效率和市场化运营能力；持续引入新业务，创收增益，分摊经营风险并提升市场品牌实力；将出行和物流业务积累的用户资源引流到生活平台，实现用户流量资源的价值变现，循环迭代新商业模式，增强企业创收能力；满足社区用户和本地城市用户在出行、物流、生活等方面的全部场景需求，节约用户时间和精力，获得良好用户体验；获得用户流量，增加商品服务与用户接触的渠道，带动业务增长。

三、实施路径

（一）归集资源建立汽车维修服务平台

归集企业内部的维修资源，建立统一的汽车维修服务平台，形成资源共享和对外业务拓展的合力，以线下业务资源的整合为线上业务模式创新提供坚实基础保障；以汽车维修服务作为汽车后市场的切入点，链接企业内部汽车维修服务资源，吸引小微个体汽修店加入，服务消费车主，实现线上下单、预约、支付、过程监控、评价等功能，通过用户端做好客户引流和客服中心运营，构建汽车后市场生态圈；对于上游供应链端，通过内部资源整合，实现车后维修资源全覆盖；对于中游平台端，导入企业出行、物流、生活全领域的用户流量，通过用户推荐和裂变触达更多的车主用户，进行精准的服务推送；对于下游服务端，改造完善内部线下汽修门店，联合第三方小微个体汽修店，共同为车主提供高质量、标准化的汽车维修服务体验。

（二）延伸全链条的管家式车生活平台

围绕车主“场景式用车养车”的消费需求，在合适时机将汽车维修服务平台升级为车生活平台，将车生活平台链接洗车、美容、维护、修理、救援、加油站、充电桩、停车场、车险、车贷、租赁、二手车、违章查询等企业内部服务资源和生态资源，为车主提供线上线下一体化的消费闭环场景；通过汽车维修的用户导流激发用户其他场景消费需求，触及用户真正的需求痛点，以此衍生车生活全链条业务，满足车主用户省心、省钱、省时的多样化需求，推动企业汽车服务板块围绕车生活建立管家式服务平台，解决车主所有的用车和养车服务需求。

（三）升级迭代一站出行生活服务平台

围绕出行服务主线，链接综合出行服务平台和场景物流生态服务平台的终端用户消费场景需求，实现闭环新零售商业模式，提高出行生活社区平台的流量与影响力；基于“里程积分+优惠券+会员成长值”的会员权益体系，打造“里程变积分、乘客变会员”的出行生活会员生态，引导品牌商户、公共服务、旅游景区等成为社区平台合作方，实现会员权益共享和互认，让市民玩转“吃住行游购娱”，实现绿色出行与商圈消费场景的有机融合，引导出行生活新业态发展；深度融合公交发展和乘客多样化服务需求，不断丰富市民的智慧生活和体验，借此赋能企业“出行+旅游”“出行+商业”“出行+公共服务”等新业态模式发展，挖掘和发挥造血功能，开拓市场，创造新的盈利增长点。

（四）升级迭代本地生活综合服务平台

在城市服务功能的基础上，有序接入车生活平台和出行生活社区平台，依托智慧城市和智慧小区建设的契机，打造本地生活综合服务平台，集聚企业物业服务经验、充电桩资源、停车场资源、物业资源等，搭建智慧社区运营体系，实现智慧社区服务在平台的融合嵌入，为社区用户提供以物业管理为核心的租住、巡检、维修、充电、停车等智慧社区服务；以综合出行服务平台、场景物流生态服务平台、车生活平台和出行社区平台积累的丰富C端用户资源为驱动，以内外部生态多样化的线下服务资源为基础，围绕市民本地生活场景，建设便民惠民智慧服务圈，并推动购物消费、居家生活、旅游休闲、交通出行等各类场景数字化，打造智能共享、和睦共治的新型数字生活和智慧商业服务；通过本地生活综合服务平台与其他平台的相互引流，促进用户在出行、物流、生活三大业务之间的正向循环和沉淀，助力企业更加精准描绘用户画像，对用户进行全域精准营销，同时通过内外循环拉动业务收入的快速增长。

第四节 探索数字产业化

企业虽然积累了丰富的数据资源，但是数据变现和创收能力不强，数字产业化仍然处于相对初级的阶段。另外，在对外业务方面，企业在公交、客运等业务领域的数据基础非常扎实，但是如何利用数据资源为企业增加创收渠道仍然有待解决。

一、转型思路

以企业数字化转型积累的丰富资源和实践经验为依托，通过数字产业化打造数字经济新优势（图8-4），充分发挥海量数据和丰富应用场景优势，促进数字技术与实体经济深度融合，通过“智慧交通解决方案—自动驾驶新业态—碳排放交易平台”的有序规划，赋能交通产业转型升级，催生新产业新业态新模式，壮大经济发展新引擎。

二、转型价值

通过建立数字产业化的商业模式，将自身的信息化资源和能力对外输出，形成产品化服务，将有效的成功经验分享到行业各单位，有助于形成软件即服务（SaaS）化产品，为企业拓展数字化创收渠道；加速数字化转型的进程，获得经过实践检验的行业数字化产品和服务，解决企业业务和管理问题；将新技术研发成果应用到商业化项目，为验证技术可行性提供渠道，实现技术的产业化价值。

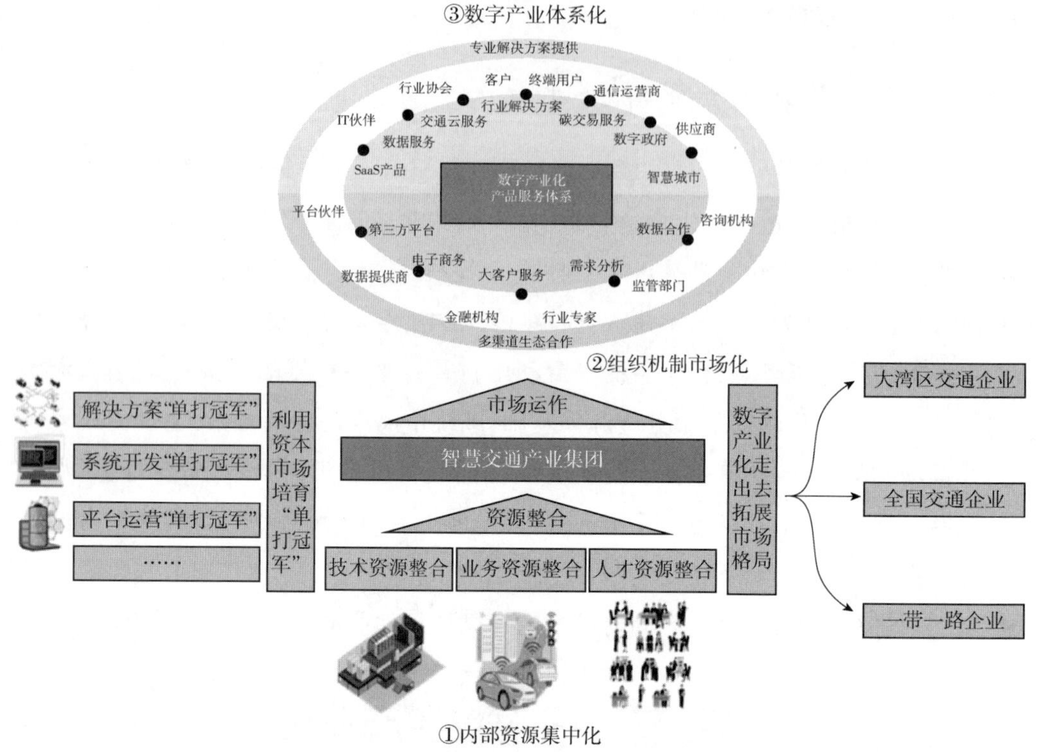

图 8-4　探索数字产业化

三、实施路径

(一)创新孵化行业标杆产品

企业数字化转型前期,聚焦云平台基础设施建设、中台建设、业务应用平台建设等主要工作,不断积累数字化项目的规划与实施经验,全面实现产业数字化,形成互联网科技企业级的技术能力和产品服务体系,创新孵化具有行业属性和标杆性质的智慧交通产品。

(二)提供智慧交通解决方案

企业数字化转型逐渐取得成效后,依托积累的技术资源和转型经验,融合信息化单位的技术服务能力,不断研发、提炼、打造具有行业赋能价值的信息化产品和一揽子智慧交通解决方案,面向行业客户提供云计算、交通运输行业 SaaS 产品、数据管理、交通运输行业数字化转型解决方案等产品和服务,培育智慧交通业务增长点,为企业数字产业化发展奠定基础,实现数据和能力变现。

(三)开展自动驾驶技术合作

作为自动驾驶运输服务平台,融合自动驾驶生态中的多方链条,包括科技企业、整车生产企业、政府部门等,提供基于自动驾驶技术的交通运输服务;将 V2X(车联万物)车路协同技术作为自动驾驶实现的技术路线,与外部领先自动驾驶技术企业合作,通过自动驾驶公交车、自动驾驶出租车应用示范,加速高级别自动驾驶功能的智能网联汽车产业化应用,构建"人—车—路—云"高度协同的产业示范应用环境,促进产业链上下游以及与相关行业间的有效融合,为企业所在地区经济高质量发展提供支撑。

(四)试点场景落地商业项目

搭建自动驾驶大数据平台,负责自动驾驶车队的管理和运营,为终端用户提供服务;把握法律、技术和用户等方面的发展趋势,寻求在特定领域开展自动驾驶商业化应用示范项目,选择试点商业化场景依次开展自动停车、封闭厂区内物流运输、干线物流、末端配送、公交通勤、分时租赁、网约车、共享出行等商业化项目的探索尝试。

(五)建设双碳交易服务平台

基于预设的权威国际标准数据和各行业碳排放模板,结合区域产业政策要求,通过碳排放交易管理服务平台实时更新碳交易价格,动态获取碳中和趋势,并通过碳排放测算、碳足迹分析、减排潜力评估、碳损益评估、碳中和路径规划、碳管理报告实现全场景"碳管理",以可视化、智能化手段助力企业清晰掌握自身碳排放的强度、结构、分布、来源;基于碳排放交易管理服务平台,为客户提供一揽子"碳排放解决方案",使交通运输企业在"双碳"背景下实现全场景"碳管理",助力交通运输企业合理控制碳排放规模,科学规划绿色发展路径,优化涉碳投资决策与运营策略,合理运用绿色金融工具,支撑节能技术发展与低碳模式的研发投入,促进达成可持续发展目标,走好绿色发展之路。

第九章 业务价值驱动协同运营

建立垂直出行协同营运管理平台和综合出行协同营运管理平台，可以实现一体化出行综合管理；建立作业透明化的仓储运输平台、监控智能化的运营分析平台和客户交互的供应链协同平台，可以实现物流供应链协同管理；建立智能行车安全平台和一线三排管控平台，可以实现安全风险主动性管理；建立资源一体化管理平台和车辆全周期管理平台，可以实现车辆运维全周期管理。

第一节 一体化出行综合管理

交通运输企业营运管理方面相关功能分散在各个系统、各个模块中，且数据未能及时同步，车辆各类指标管理系统无法统一形成技术报表，影响工作效率；驾驶员排班、调度、考勤、劳动工时监控分别有单独系统，未能实现统一系统管理，需要人工对接监控，经常出现管理漏洞，导致驾驶员工时不均衡，系统利用效能低；自动化调度系统运作以及运行计划的制订主要依赖于历史数据以及现有的资源分配情况进行，实时数据的应用能力在营运调度措施中的应用基础较为薄弱，大部分根据历史客流数据进行人车配置变更、根据历史行车时间发班，使得车辆停站时间过大或者发班过密导致断位，无法创造有利于营运生产的局面；客运新规已不再要求线路标志牌与车号一一对应，能根据客源情况调派大、小型客车发班，但目前客运单位不能掌握各站场实时售票情况，不能做到灵活调派车辆；车辆投产调拨、调配入线、调度以及报修分别有独立系统，未能实现同一系统管理，系统数据不对等，车辆充电、停车、包车安排主要以人工为主，存在管理盲区；车辆频发故障部件及重大零部件故障无预警，车辆用电、能耗数据存在偏差，车辆年审、维护计划缺乏数字化管理，车辆高温高压部件、安全部件、轮胎缺乏数字化监控；未能有效地对线路的运营效率、人车线利用效能、服务水平、员工评价、经济效益等各方面进行综合监管、分析和评判，人车效能利用系统、调度系统、实时客流系统等分别独立运作，未能直观反馈线路运营存在问题，未与乘客实时对接，对投诉问题反应滞后；已有公交线网存在线路过长、运力和需求不匹配、线路重叠等问题，由于公交线网密集、数据量过大，难以通过人工方式进行精准评估，新开公交线路主要由市民投票和人工规划决定，依赖经验判断，导致新开线路实际客流量往往与预期不符。

一、转型思路

围绕“人、车(船)、线、场、站、桩”等营运核心要素,结合车载智能化设备、智能充电桩、场站智能设备等设施,构建出行要素数字化全覆盖的出行一体化营运管理能力(图 9-1)。融合物联网和车联网技术,通过数字化使人、线、车、场站、道路形成无缝交互的智能联网系统,实时采集车辆位置、路线、剩余电量等数据,感知乘客出行需求,从而实现智能规划、智能调度、智能驾驶、智能运维、智能分析,实时反映生产运营过程,提升业务灵敏度,提高营运效率。

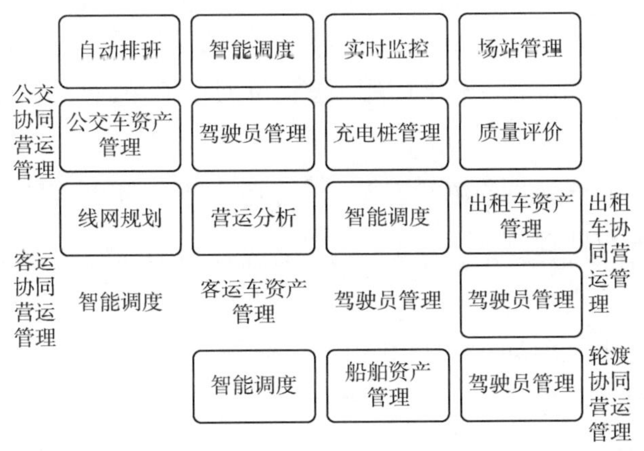

图 9-1　一体化出行综合管理

二、转型价值

通过客流大数据科学合理地调配人车资源,依据实时数据即时调整线路运行计划,对线路人车资源进行动态分配,使资源效能和响应速度得到提升,成本支出减少,日常经营生产过程安全、有序、高效;有效杜绝违规排班和出勤,监控驾驶员工时,有效提升驾驶员的利用率;实现与客运车站实时售票系统对接,降低车辆运营成本,提高线路效益;提高班车实载率,增加定制班线营收,提高市际包车出车率;通过大数据应用和分析,对企业整体业务能够快速做出综合监管、分析和评判,形成闭环管理过程;统一驾驶员管理,提高管理效率,挖掘潜在安全服务管理价值,获得多元管理模式;精准开行公交线路,退出无效公交线路,实现开源增客,降低管理成本,提升线路运营效益;整合资源为驾驶员提供优质、便捷、优惠的服务,降低驾驶员劳动强度;出行需求与线路供给相匹配,获得良好的乘客出行体验;辅助行业主管部门公交线网规划和决策,提升线网在时间和空间上的立体覆盖密度。

三、实施路径

(一)公交协同营运管理平台

升级迭代公交智慧云脑,实现对公交营运的协同管理,做到自动排班、智能调度、实时监控、场站管理、车辆资产管理、驾驶员管理、质量评价、决策分析在公交协同营运管理平台上的一体化管理。

1.自动排班

发展自动链式咬合排班模式,根据公交客流出行大数据,对线路各个站点的客流按时间节点进行收集,通过算法结合行车作业计划、驾驶员上班时间、线路运营参数、车辆状态、驾驶员状态、实时客流监测、天气情况等数据,智能分析、精准预测车辆周转时间,进行自动链式咬合排班;自动执行排班计划,在形成排班计划后,自动向相应车辆、驾驶员、场站发送发车准备指令和发车指令等调度信息;自动处理车辆回场信息,根据车辆卫星定位回场信号,自动处理并形成完整的行车趟次记录,并形成新的排班计划,完成预排班到计划执行、计划完成的闭环业务管理;特殊情况排班自动调整,根据车辆、驾驶员资源状态及天气、道路交通、实时客流监测等数据及各类异常情况,自动调整排班发车计划。

2.智能调度

根据市民实时出行需求、交通信息反映的实时路况信息和当班驾驶员驾驶速度习惯,结合线路时段客流和OD点,即时自动形成有针对性的营运调度措施,在不同情景下自动执行发区间车调度、大站快车调度等特殊调度方式,形成闭环管理;自动记录车辆发车、回场、行车过程到站的准点率等情况,实时反馈给调度台,进行人工干预处理和决策;对于人流量预计不足、拥堵等情况导致运力不足、遇到突发事件和自然灾害等情况时,对相关线路自动下发临时增减班次的指令。

3.实时监控

统一视频监控系统调用通道,实现不同监控系统集成在一个平台上统一监控;实时监控公交车辆状态,获得公交车辆位置、速度、车载视频图像等动态信息,并对车辆高温高压部件、安全部件、轮胎、动力蓄电池实时监控,自动分析电源线路磨损情况、动力蓄电池温度、车辆轮胎实时气压情况,动态显示车辆位置、车身参数、车辆油耗、车辆动力等信息,做到“一车一时一状态”;实时监控驾驶员行为,针对行车超速、越站不停、半路掉头、脱线行驶等违规行为,自动记录相关信息并进行轨迹回放,与驾驶员绩效评价相关联;实时监控站场状况,对站点内部重点区域的基础设施情况、火灾、大客流等情况进行监测;实时预警风险事故,融合360°影像、雷达系统、车速预警等技术,自动判断行驶速度、行驶方向、驾驶员精神状态、障碍物、线路站点等信息,提前对道路安全、驾驶员疲劳行为等进行语音提示和预警,自动采取合理安全措施防止事故发生。

4.场站管理

将场站管理与公交营运调度平台实时对接，将公交营运信息通过LCD(液晶显示器)大屏、LED(发光二极管)条屏和广播等多媒体方式进行发布，确保驾驶员能够准时发车和乘客能够准时乘车；通过RFID(射频识别技术)和视频采集技术，实现对场站进出车辆统计和管理；通过视频监控和电子围栏等技术手段，保证场站环境安全，便于企业和行业监管部门实时了解场站安全情况；场站实时感知、采集客流情况，并反馈给公交营运调度平台，辅助公交实时调度的决策分析，并为乘客出行需求挖掘提供科学依据。

5.车辆资产管理

建立车辆资产管理平台，对接财务系统，动态更新车辆资产管理档案；整合分析并可视化从车辆投产到报废全过程产生的相关数据，包括车辆基本情况、证照单据、主要性能评定、运行使用情况、主要零部件更换情况、检测和维修记录，以及附加的视频监控、消防器材、线路牌、导向图、公益宣传等设备设施维护情况和事故处理记录等其他信息；识别车辆的维修、待排班、计划发车、线路运营、超速、抛锚、报废等各种实时状态，实现对车辆的动态管理和状态跟踪。

6.驾驶员管理

建立驾驶员综合管理平台，实现驾驶员信息与营运调度信息的互联互通，将排班、调度、考勤、劳动工时监控功能集成，一体化管理；整合分析并可视化从驾驶员踏入公交企业到离开全过程产生的相关数据，包括证件号码、基本信息，以及行驶线路、驾驶车辆、安全里程、交通违法等其他信息，实现驾驶员职业评估的可视化，通过对驾驶行为的自动分析评估，提高对高风险重点驾驶员的监控力度；识别驾驶员的休息、请假、待派班、线路运营、离职等各种实时状态，实现对驾驶员的动态管理和状态跟踪；结合驾驶员身体、工时、收工情况，自动安排驾驶员单双班配置、上下班时间和排班调整，实现驾驶员工时及薪酬均衡。

7.质量评价

利用公交车载评价器、服务评价二维码、出行小程序评价模块等实时收集乘客评价反馈，结合首末班准点率、误点率、甩站率，对驾驶员、车辆、线路、营运公司等对象进行统计分析和评价，提高行业服务质量，监督行业运输运营纪律，提高乘客出行体验。同时，根据企业要求对若干重要运营指标进行监管，以达到科学化、精细化管理目的，提升运营管理效率和效能。

8.线网规划

以公交业务的全量数据为基础，根据客运量、时段满载率、百公里收入等历史数据，以及乘客需求变化等预测数据，结合市区现有道路通行能力和运力，构建精确的公交线路评价模型，对存量线路的合理性进行自动评价与分析，为线路调整优化决策提供科学数据和有力支持，最大化提升公交运力，辅助全路网的公交线路重新规划和布局。同时，以企业成熟用户体系为基础，匹配市民用户的多种出行和生活轨迹（地铁、出租车、共享单车、商业街消费等），统筹考虑市民出行需求，以及客流数据、站点重复率、线路曲直系数等数据，构建精确的公交线路设计模型，自动规划设计可行的常规公交和定制公交新开线路方案。

9.营运分析

基于企业管控要求，由营运管理平台汇聚一手营运数据，实现运营效率指标统计分析、安全行车统计指标分析、技术保障统计指标分析等基本统计功能，提供可信度强、精准度高的营运统计指标结果；基于海量的乘客端出行数据和企业端运营数据，通过数据分析和挖掘，从时间和空间等维度对公交客流、发班班次、运营速度、投入运力进行细颗粒度的深入分析，挖掘公交客流分布规律及特点，掌握运力与客流的实际匹配情况，为调整线路排班计划、运营调度计划、增加车辆运力投放等决策管理提供第一手数据资料，为企业进行公交线网优化、缓解交通拥堵提供辅助决策支持。

（二）出租车协同营运管理平台

建立集成智能调度、车辆资产管理、驾驶员管理于一体的出租车协同营运管理平台，实现出租车营运管理过程的协同运行。

1.智能调度

通过车辆CAN（控制器局域网）总线获取驾驶员在行车过程中的急制动、急转弯、加速踏板状态、转向灯操作等详细参数，对数据进行处理分析，自动生成驾驶员行为信息，辅助评价监督；收集汇总驾驶员交通违法、交通事故、不良驾驶行为等信息数据，通过捕捉各类异常行为数据，建立驾驶员画像，对驾驶员驾驶行为进行分级分类管理和综合评估。

2.车辆资产管理

参照公交车辆资产管理，搭建营运出租车辆的资产管理平台，聚合车辆基本信息、行驶、维修等营运数据，综合车辆事故信息和品质情况，为经营决策提供支持，实现精细化管理。

3.驾驶员管理

参照公交车驾驶员管理，面向内部管理，整合原有各系统对驾驶员的业务管理流程，覆盖驾驶员入职、缴费、出车、服务以及日常管理等一系列需求，减少重复工作量，提升管理效率；面向驾驶员服务，构建驾驶员会员管理体系，整合站点信息、车流信息、服务动态信息，为驾驶员提供在线查询、预约、消费场景、在线培训考试、待办任务管理、营运收入统计等服务，并获取增值收益。

（三）客运协同营运管理平台

建立集智能调度、车辆资产管理、驾驶员管理于一体的客运协同营运管理平台，实现客运营运管理过程的协同运行。

1.智能调度

集成自动排班系统、线路设计系统和行车自动化管理系统，搭建智能客运营运调度平台，并集成导航地图、路面检测技术等，实时对车辆和驾驶员进行自动跟踪和管理。

2.车辆资产管理

参照公交车辆资产管理，建立车辆资产管理平台，实时更新车辆资产状态、登记资产使用部门及人员信息，及时更新资产管理档案；实现车辆评估的可视化，整合分析并可视化从车辆投产到报废全过程产生的相关数据。

3.驾驶员管理

参照公交驾驶员管理，建立驾驶员综合管理系统，将排班、调度、考勤、劳动工时监控功能集成一体化管理，通过信息化手段提高对重点驾驶员的监控力度。

（四）轮渡协同营运管理平台

建立集成智能调度、船舶资产管理、轮渡驾驶员管理于一体的轮渡协同营运管理平台，实现轮渡营运管理过程的全程监管。

1.智能调度

将导航、助航、监测、操纵设备进行信息化集成与处理，实现综合驾控辅助导航；自动绘制打舵曲线，记录和追溯驾驶员行为，为驾驶行为分析提供参考依据，提高驾驶信息的交互性；将船舶状态信息及航行信息上传，实现远程和移动实时监管，并采用智能算法对前方通航情况进行预警，预测到站时间，全过程跟踪轨迹情况，方便服务人员掌控全船状态，提高航行的高效性和安全性。

2.船舶资产管理

参照公交车辆资产管理，搭建船舶资产管理平台，聚合船舶基本信息、行驶、维修等营运数据，综合船舶事故信息和品质情况，为经营决策提供支持，实现精细化管理。

3.驾驶员管理

参照公交车驾驶员管理，建立轮渡驾驶员综合管理平台，实时掌握船舶的排班、调度、考勤、劳动工时和身体状态等情况，实现对轮渡驾驶员的动态管理和状态跟踪。

（五）综合出行协同营运管理平台

融合公交、出租车、客运、轮渡、商务（公务）等全部出行业态，基于出行全业态通用性较强的业务模块和个性化业务功能，以业务中台为依托，建立车辆/船舶管理、驾驶员管理、线路/航线管理、场站/服务中心管理、充电桩管理、排班调度、价格管理、乘客需求管理、实时监控、运营分析、综合评价等功能一体化、全业态的综合出行营运管理平台，实现对公交、出租车、客运、轮渡、商务（公务）出行等业务的协同调度和综合管理；实时动态展示综合出行营运管理的"一张图",实现企业对全部出行业务"分类营运,统筹管理"的营运管理目标,为综合出行服务平台提供坚实的营运管理服务保障。

第二节 物流供应链协同管理

管理部门以及客户对仓储配送任务指令下达、指令任务的沟通确定、指令完成情况跟踪和反馈、指令完成效率等,大多采用传统的人工沟通和传送方式,极大影响了管理效率、客户协同效率和用户体验;对于客户每天发出的仓储进出库作业任务量及任务完成进度、完成效率等,未能实现全链条作业数据实时归集和动态化跟踪管控及分析,仓储作业管控存在条块孤立和衔接脱节现象;对于客户每天发出的运输配送作业任务量及任务完成进度、完成效率,未能实现运输配送中各节点状态信息、完成效率的数据实时归集和动态化跟踪管控及分析。

一、转型思路

实现车辆管理、驾驶员管理、线路管理、仓储中心管理、订单管理、调度排车、在途跟踪、计费结算、运营分析、综合评价的供应链全过程管理(图 9-2),与客户实现协同管理,协助客户完成业务在线化、可视化,不断优化系统流程,满足客户提出的个性化服务需求,抓住物流市场拓展机会。

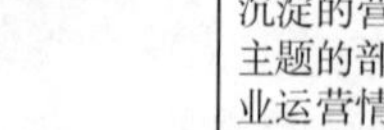

图 9-2 物流供应链协同管理

二、转型价值

通过供应链管理实现客户运输及配送作业任务量与任务完成进度、完成效率的相互衔接和高效信息化操作，增加客户对企业物流业务的黏性，对业务拓展延伸有强有力的数据对接；仓储配送任务及仓储进出库任务、财务结算体系集合为统一平台，打通全链条数据归集通道，实现可用实时大数据跟踪、管控和分析仓储作业全过程的进度和效率；对于供应链客户，增加客户对货物情况及动态的管控、相互监督，提高客户对物流供应链服务质量的评价和认可度。

三、实施路径

（一）建设作业透明化的仓储运输平台

集成入库业务、出库业务、仓库调拨、库存调拨、虚仓管理、综合批次管理、库存盘点、质检管理和即时库存管理等功能，有效控制并跟踪仓库业务的物流和成本管理全过程，实现完善的智能仓储管理；运用 RFID 技术实现收货、发货、入库、装货、出库等各个节点的扫描并记录仓库内的各节点作业，货物状态 24h 实时监控，从发货开始预测货物到达时间，方便客户收货安排，提高用户的个性化物流体验；实行动态线路配送模式，高效整合区域优化、线路优化、车辆管理、车辆跟踪、绩效管理等一系列功能，根据客户需求设定具体的运输线路、停留时间、配送时间，实现全方位物流配送信息的互联互通、信息共享，大幅提高配送效率，降低配送成本。

（二）建设监控智能化的运营分析平台

通过平台便捷获取车辆监控、交易服务等信息，通过车辆总线数据、发动机等工作信息，对比分析驾驶行为、车辆运行状况、车辆燃油消耗与排放量，作为经营决策重要参考依据；利用数字可视化技术，通过已经沉淀的营销、财务、成本、运营等主题业务数据直观地监测企业运营情况，深入挖掘异常关键指标并进行预警，帮助管理层全局掌控实时运营状况，更精准地做出决策，促进业务良性发展。

（三）建设客户交互的供应链协同平台

通过平台实时采集生成物流信息数据，实现仓储、配送业务运营和管理各环节数据归集和可视化，打造仓配一体业务的高效协同运作和作业动态化管理；打通物流系统与外部客户信息系统对接端口，实现客户生产销售系统与供应链协同平台的互联互通及信息数据交互传送，形成与上下游客户之间的商流、物流、信息流“三流合一”；响应客户高层次的物流需求，远程实时查询和推送客户需求信息，利用数字化技术实现发货方、承运方、驾驶员、收货人等各流通关键方的互联互通，建立安全的上下游贯通，促进开放合作及数据共享，与客户实现协同管理,协助客户完成业务在线化、可视化;通过整合场景物流生态服务平台的各方资源,深入平台用户的产业链条,实现从采购、生产、销售及终端消费者的端到端物流供应链管理,帮助平台上的制造企业、商贸流通企业、电商平台企业、门店等打造高效、灵敏、协同的一体化物流及供应链运营体系,加强战略供应链关系和盈利能力。

第三节　安全风险主动性管理

驾驶员作为承担城市公共交通服务领域的重要群体之一,不规范停站、"飞站"的违规行为仍然普遍存在且难以监管,在总站、中途进出站、路口斑马线等场景中,车辆的行驶速度在大多数情况下都与事故的发生有直接联系,驾驶员驾车过程中容易出现疲劳驾驶,传统的监控手段是利用信息化管理对疲劳驾驶预警作出处理,时效性较低;对驾驶员营运过程的管理依靠人工抽查,需要大量人员参与,无法实现事前预防和事中干预,虽然引入了 GPS(全球定位系统)、DSM(驾驶员监控系统)、ADAS(高级驾驶辅助系统)等系统,但未结合各类运营场景建立合理模型,导致准确率未达使用要求,仍然需要大量人工核查工作;驾驶员通过查阅纸质资料来了解安全风险隐患的分布,较不方便和直观,无法发挥应用的安全风险管控价值;上级监管部门要求对"人、车、线、场站"等安全管理核心环节进行隐患排查,并按照隐患整改、治理的难度及其影响范围,分清轻重缓急,对隐患实施分级分类管控,但如何提高人员发现隐患的效能,如何确保隐患能得到分级分类闭环治理,如何能做到隐患治理工作责任到人,一直是企业安全管理工作的难点和痛点。

一、转型思路

整合多维度数据,建立相应的分析预测模型,推动安全管控从"事后能够快速处置"向"事前可以及时预警"的转变,实现安全风险主动性管理(图 9-3)。通过挖掘车辆数据,对车辆进行风险综合评判预测,实现对车辆的健康监测,降低车辆故障率,提升运营效率。建立驾驶员的智能管理,对驾驶员行为进行实时监测,实现对驾驶员异常行为的早发现、早干预,确保驾驶员规范驾驶、平稳服务。

二、转型价值

安全管理从人防向技防转变,规范驾驶和停站行为,降低企业事故违法成本,提升安全服务管理水平;加强过程监控,减少车辆机障和由于人为失误造成的车辆失保和没有审验等问题,提升技术管理效能;随时随地查询各类风险隐患情况,掌握线路风险隐患,减少事故、违法行为的发生,提高管理效率,强化隐患排查能力,提升风险防范水平,提高驾驶员安全意识,及时纠正违规行为，保障乘客出行安全，维护城市道路交通安全底线，维护城市治安稳定。

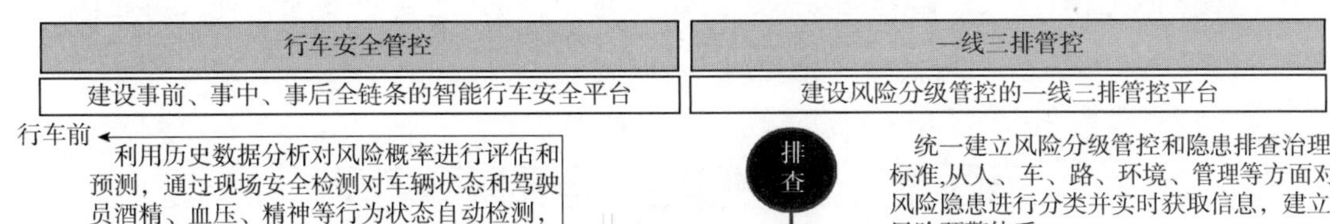

图 9-3　安全风险主动性管理

三、实施路径

（一）建设全链条的智能行车安全平台

行车前，利用历史数据分析对风险概率进行评估和预测，通过现场安全检测对车辆状态和驾驶员酒精、血压、精神等行为状态自动检测，进行驾驶员安全教育警示在线培训，避免潜在的驾驶安全；行车中，对驾驶员疲劳驾驶、斑马线礼让行人、路口减速等行车重点风险点进行实时预警、重点监控，实现对驾驶员驾驶行为的实时动态监测、全景智能管控、车道偏离和防碰撞预警，同时依托 5G 技术及车路协同技术，快速、准确应对复杂多变的路况环境并作出精准反应，通过辅助驾驶系统干预确保乘客安全出行和驾驶员安全驾驶；行车后，利用全面、真实、即时的大数据对全网运输状态进行分析，对事故和风险事件进行复盘与归因，做到精准责任划分与高危群体智能识别，针对性制订奖惩、培训优化等措施，实现行车安全管控的闭环管理。同时，打通企业安全管控与下属单位安全运营的管控链条，实现企业对下属企业行车安全方面的精准、穿透管理。

（二）建设风险分级一线三排管控平台

统一建立风险分级管控和隐患排查治理标准，从人、车、路、环境、管理等方面对风险隐患进行分类并实时获取信息，建立风险预警体系；将基础数据，例如场地、风险点、隐患点等，系统形成电子数据档案，实现专门的线上档案存储、闭环流转，并可通过移动端设备线上全流程参与，展示安全风险一张图；将检查情况、问题整改、违法违章、安全防控系统等信息数据在平台中进行整合匹配，通过大数据进行“一线三排”管理，自动评定各级安全管理人员履职尽责情况。

第四节　车辆运维全周期管理

充电管理平台主要针对车辆充电数据进行监测，没有针对充电设备、车辆安全情况数据（如充电温度、电池健康情况等）的监测功能，只能通过人工巡检进行监控，难以对可能存在的安全隐患提前预判和快速处置，同时当前充电平台未能包含所有营运车辆，下属各单位均无相关管理系统，其余能源的相关情况均只有通过手工录入统计数据；缺乏对车辆故障、维护等基础数据的分类汇总及智能分析，缺乏对车辆能耗数据的掌握，车载信息化设备采集的数据未能与车辆技术需求相匹配，如何有效实时监控和延长车辆生命周期，降低企业运营成本还需开发和研究；各车辆维修板块管理分散，未实现统一维修整合，缺乏对企业所有车辆维修数据的掌握，维修业务资源零散，用车单位维修成本居高不下，同时不利于汽车后服务产业规模化、专业化发展；尚未形成车辆全生命周期的数字化管理，存在车辆源头管理与后续环节衔接不够好的问题，很多企业只有一个云总线系统作为简单的车况部分历史数据查询，且包含的数据内容较少，不能满足当前的管理需求。

一、转型思路

建设资源一体化管理和车辆全周期管理平台，实现车辆运维基础资源的一体化静态管理和车辆全周期动态管理（图 9-4），在基础资源信息化、车辆维护、车辆修理、车辆年保和车辆年保管理等方面促进企业车辆运维全过程的综合精益化管理，实现资产效率最大化和成本最低化。

二、转型价值

实时准确监控和收集车辆主要零部件的运行技术参数，实现异常状态实时预警，有效地对车辆健康质量状态进行管控，延长车辆生命周期；满足碳达峰和碳中和的工作要求，掌握企业全范围车辆能耗情况，挖潜压降能耗成本；满足对车辆管理的业务需求，实现车辆技术实时监控和管理分析，需要接入车辆实时数据实现车辆技术状况可视化评估分析及预警功能；为生产经营提供决策依据，提高车辆、维修、充电桩等资源的利用率，增加经济效益；提升技术管理便捷性，方便技术人员更有效开展技术保障工作，有侧重地对车辆故障情况开展治理。能够更加高效地完成年审、维护计划的编排调整，保障车辆安全生产。

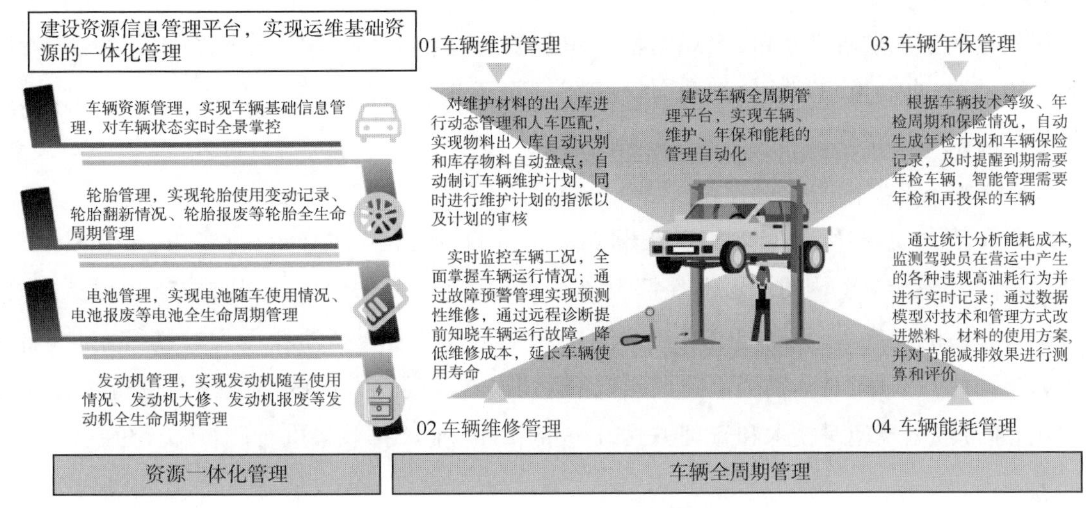

图 9-4　车辆运维全周期管理

三、实施路径

(一)建设资源信息管理平台,实现基础资源的一体化管理

利用平台对车辆资源、轮胎、电池、发动机等模块进行管理,实现车辆基础信息管理,对车辆状态实时全景掌控;实现轮胎使用变动记录、轮胎翻新情况、轮胎报废等轮胎全生命周期管理;实现电池随车使用情况、电池报废等电池全生命周期管理;实现发动机随车使用情况、发动机大修、发动机报废等发动机全生命周期管理。

(二)建设车辆全周期管理平台,实现车辆维护管理自动化

对维护材料的出入库进行动态管理和人车匹配,实现物料出入库自动识别和库存物料自动盘点;根据车辆实际运行里程,结合各级维护条件自动制订车辆维护计划,同时进行维护计划的指派以及计划的审核。

1.车辆维修管理

建设车辆全周期管理平台,实现车辆维修管理自动化。通过标准维修工作流驱动,实现报修、检验、维修、派工、领料、完工、验收的全过程管理;通过 CAN 总线获取油耗数据和车辆工况数据,与维修系统结合,提供车辆、发动机燃油、故障、维修情况生命周期管理,实时监控车辆工况,全面掌握车辆运行情况;通过故障预警管理实现预测性维修,通过远程诊断提前知晓车辆运行故障,及时高效解决车辆潜在故障,保障车辆良性运行,降低维修成本,延长车辆使用寿命。

2.车辆年保管理

建设车辆全周期管理平台,实现车辆年审保险管理自动化。根据车辆技术等级、年检周期和保险情况,自动生成年检计划和车辆保险记录,及时提醒到期需要年检车辆,智能管理需要年检和再投保的车辆。

3.车辆能耗管理

建设车辆全周期管理平台,实现车辆能耗管理自动化。根据车辆的加油/充电记录、油量/电量监测记录,对车辆的燃料消耗情况进行管理、统计、分析,并自动监控节能减排成效;通过统计分析能耗成本,监测驾驶员在营运中产生的各种违规高油耗行为并进行实时记录;基于燃料消耗数据库,对车辆类型之间、线路运营模式之间等方面的能耗情况进行统计分析和对比,通过数据模型对技术和管理方式改进带来的节能减排效果进行测算和评价。

第十章 | 流程优化实现高效管理

以流程优化为中心打造高效管理链，为管理者和员工营造卓越高效的工作体验，如图 10-1 所示。建立智能经营决策平台，实现从战略监测、经营监控、管理分析、行动执行四个方面的 PDCA 闭环管理模式；建立共享服务中心平台，实现财务、人力、采购的流程优化和管理服务化，释放更多精力聚焦战略增值业务；建立自动化办公平台，提升领导和员工工作体验；建立协同管理平台，打破各部门职能壁垒，实现管理协同和精细化。最终实现对关键管理流程的优化重构，建立管理服务标准，从而高效提升企业管理效益、经营管控水平和管理层决策效率。

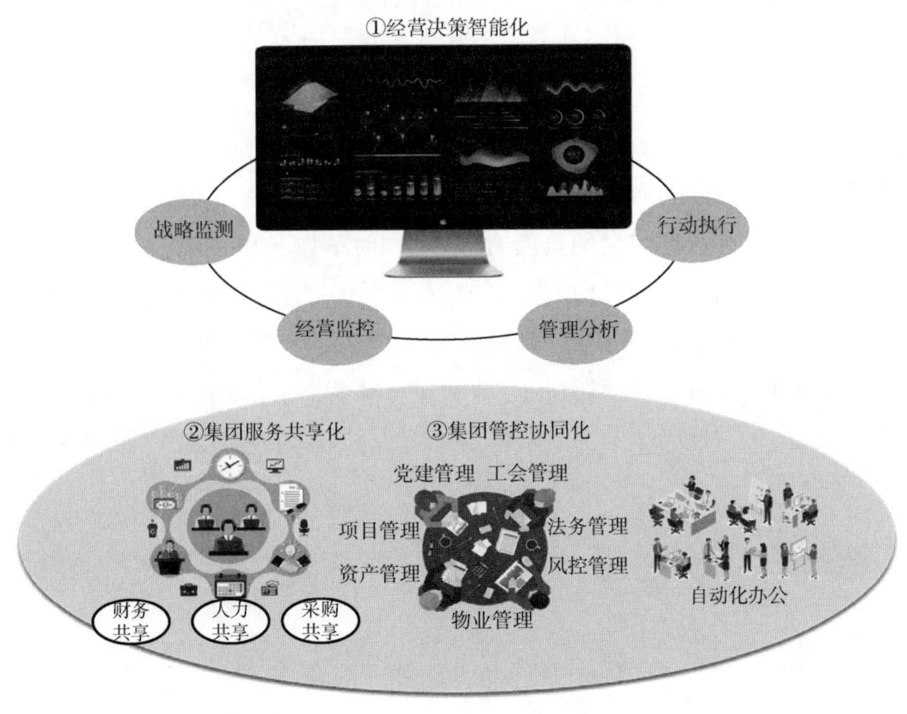

图 10-1　流程优化实现高效管理

第一节　制定智能经营决策

目前大多数交通运输企业的日常经营决策仍主要依赖经验判断，经营数据统计和汇报的方式较为简单和基础，缺乏数字化手段支持管理决策，无法从海量数据中挖掘有价值的信息，尚未形成系统性的数据支持决策体系；由于底层数据的口径、标准、真实性存在诸多问题，导致报告层面的管理决策信息存在失真和误导的可能性，并且由于依赖传统手工台账而很难穿透到底层数据进行溯源，难以通过报告层面的数据发现真实的管理问题；现时的统计报表较多，但大部分依然要人工统计，不能系统生成，各单位实时的生产经营数据需通过各单位临时获取；现时的数据分析还处于传统的模式，未能建立标准模型，无法进行系统自动对标，经营分析数据缺乏行业内、企业内等相关经营数据对比。

一、转型思路

围绕PDCA经营管理闭环理念，从战略监测、经营监控、管理分析、行动执行四个方面建设闭环的智能经营决策平台，把控企业战略目标、监控经营管理现状、分析经营管理问题、落实整改行动措施。通过可视化的智能经营决策平台实现企业总体层面的端到端闭环管控，使领导层充分洞察战略决策信息，使管理层实时分析业务运营情况，使执行层及时反馈基础业务信息，实现领导层、管理层、执行层三者之间信息流的透明和一致，强化企业精细化管理，提升运营效率和核心竞争能力。

二、转型价值

提高经营管理效率和数据信息的真实有效性，即时掌握各单位经营数据和情况，针对市场变化情况及时调整和给予协助，减少人工统计强度和人为统计的失误，提高数据的准确性和及时性；通过获取分析大量的实践数据，系统对比标准模型进行自动分析判断，了解同行情况，有效实现对标管理，及时发现问题，促进业务进一步提升；不断提高各单位的数据处理和分析能力，将重复性、机械性操作的手工台账迁移到线上进行自动化处理和分析，进一步加强经营统计的管理效能。

三、实施路径

（一）战略监测

1.宏观环境监测

实时从国家统计局、政府统计公报、专业智库等渠道收集宏观经济运行信息，形成权威、专业、规范的经济分析指标体系，为决策和管理提供可查询、可解读的宏观经济运行基础信息。

2.行业对标监测

建立对标分析指标体系，明确并选取需要对标的数据标准和口径，定期从规定渠道收集行业数据及业内企业的相关经营数据,并支持多维度查询分析,为决策和管理提供可比较、可量化的中观行业对标基础信息。

3.战略管理监测

根据企业中长期战略规划和年度经营计划情况,形成企业、各业务板块、各单位的战略目标体系和任务清单,建立企业级的战略分析指标体系,为决策和管理提供可执行、可追踪、可评价的微观企业战略任务基础信息。

(二)经营监控

1.经营指标库

建立各管理主题领域的经营指标库和趋势看板,包括财务、人力、营运、营销、采购等关键主题,对关键指标进行趋势分析,按照业务、单位、区域、项目、客户等类别呈现各主题的经营指标历史情况和整体趋势。

2.管理驾驶舱

建立集财务、人力、营运、营销、采购等为一体的协同管理驾驶舱,实现 PC 端、移动端、指挥中心大屏端等多终端、多页面统一的管理状态可视化展现和监控,通过统一和分类呈现各主题驾驶舱的商业智能可视化报表,为管理层决策提供支持。

(1)财务管理驾驶舱,以可视化报表的形式展示收入、费用、利润、资产、负债等财务信息和财务报表,实时反馈当前财务健康状况。

(2)人力资源管理驾驶舱,以可视化报表的形式展示企业总部、各单位员工及包括驾驶员、外包人员在内的全部员工数量、考勤情况、人工成本等人力资源信息,实时反馈当前人力资源健康状况。

(3)营运管理驾驶舱,以可视化报表的形式展示营运计划达成率、人均工时效率、营运成本、客流状态、车辆状态、驾驶员状态、场站状态、安全事故等营运生产信息,实时反馈当前各业务板块的运营状况。

(4)营销管理驾驶舱,以可视化报表的形式展示企业和各业务板块的客户、价格、销量、营收、回款等营销管理信息,实时反馈当前各产品服务的营销状况。

(5)采购管理驾驶舱,以可视化报表的形式展示供应商、价格、采购量、采购成本、付款等采购管理信息,实时反馈当前各项物料、工程和服务的采购状况。

(三)管理分析

通过开发财务分析功能,使财务职能从基础核算工作转向财务战略、资本运作、价值管理、资金管理、预算管理、成本控制、风险内控等工作,实现战略管控型财务的转型,创造财务业务价值;建立财务分析数据模型,支持杜邦分析、成本分析、授信周转分析、偿债能力分析、利润中心分析等管理分析功能，并自动输出财务分析简报。

（1）通过开发人力资源分析功能，使人力资源从事务性员工服务转变为更多聚焦人才发展、员工效能、业务伙伴等工作，创造人力资源业务价值；建立人力资本分析数据模型，支持人才画像分析、岗位能力分析、员工能力分析、人工成本分析、绩效考核分析等管理分析功能，并自动输出人力资源分析简报。

（2）通过开发营运分析功能，围绕"车辆、驾驶员、场站、线路、充电站"等营运生产的核心要素，从经验拉动式营运转向数据驱动式营运，提升营运管理效能和效率；建立营运生产分析数据模型，支持营运成本分析、营运效率分析、计划进度分析、车辆故障预测、安全风险分析、线路行驶用时与里程分析、车辆能耗分析、驾驶员行为分析等管理分析功能，并自动输出营运分析简报。

（3）通过开发营销分析功能，围绕业务、用户、渠道、收款等全方位营销要素，提升用户体验和全域精准营销能力，从被动服务转向主动营销，实现业务收入的开源；建立营销分析数据模型，支持市场分析、用户画像分析、客源结构分析、客户诉求分析、盈利能力分析、收入结构分析、销售价格分析等管理分析功能，并自动输出营销分析简报。

（4）通过开发采购分析功能，围绕供应商管理、采购计划、采购评价、采购验收等采购全链条，提升供应商协同和成本管控能力，从分散采购转向集中采购，实现业务成本的节流；建立采购分析数据模型，支持供应商分析、采购进度分析、采购风险分析、库存周转分析、成本管控能力分析、成本费用结构分析、采购价格分析等管理分析功能，并自动输出采购分析简报。

（四）行动执行

1.行动进度监控

根据战略规划和经营计划下发的各项任务要求、问题改进要求，逐级将任务分解到单位、部门、岗位，通过设置进度指标体系，实现对行动进度的分级精细化管控，实时掌握各项行动的进度完成情况。

2.行动任务跟踪

实现各领域的业务穿透，以透明化管理方式实现各级人员的工作协同和步调一致。通过实现使领导层、管理层、执行层互联互通、协同一致的行动任务视图，能够让执行层及时知悉任务目标、执行任务节点、反馈执行难点，保障节点目标的完成，让领导层和管理层及时掌控各级人员的待解决难点，从而为执行层赋能并提供合理建议。

第二节　建立共享服务中心

交通运输企业拥有大量职工，人员规模大，工种结构复杂，管理难度相对较大，现有数据统计基本依靠手工管理，人事、财务、业务系统之间存在割裂的现象，数据获取标准和来源各异，难以实现协同；人事、财务、采购等存在大量重复性工作，总部和各基层单位存在许多重复性工作流程，并缺乏统一服务标准，依靠人工手段进行信息收集、处理、分析，无法满足企业在新时代背景下进行高效管理和科学决策的工作要求；部分业务的对账、入账、销账、开票等工作无法通过系统线上进行，只能通过线下流程办理，审核节点多，影响办事效率；各单位自行进行物资采购，无法形成合力，无法提高对供应商的压价能力。

一、转型思路

成立财务、人力、采购在内的共享服务中心，将端到端流程管理以及新技术应用作为共享服务中心建设的重要抓手，促进共享服务中心在流程整合方面投入更多资源，逐步实现流程自动化机器人、人工智能、区块链技术在共享服务中心的不断落地应用，为流程效率提升提供更多空间，帮助企业有效降低人工投入成本。

二、转型价值

打通人事、财务、采购和业务模块，提高业务闭环管理效率；节约人力成本，提高企业资源信息化管理效率，增强企业资源服务能力；畅通数据共享、流转渠道，推动人事、财务、采购资源管理各模块系统、应用的集成和融合；提高财务、人事、采购等数据核对效率，并实现数据快速读取、统计、分析等功能，大幅提高工作效率及数据准确性；通过财务数据与业务数据的对接和互联互通，实现财务管理对业务经营的赋能，为资产管理、业务分析、投资决策等工作提供重要价值；将同类采购物资联合起来形成批量优势，进而在采购行为中获得压降价格的机会，从而获得价廉物美的产品；将更多财务、人力、采购资源在岗人员从事务性、繁杂、琐碎的工作中解脱出来，将更多时间和精力放在重大决策拟定、重要文件制订等工作上，逐步实现传统管理向现代管理的转变；为员工提供高效、优质和多元化的线上服务，提高员工对企业归属感和满意度。

三、实施路径

（一）财务共享服务

1.探索财务共享服务中心的组织形式

按照“总部运作，资源共享，制度统一，模块核算”的原则探索成立财务共享服务中心组织。在企业总部设立财务共享中心，实行人力、硬件、管理技术资源共享，财务会计管理核算制度统一，会计核算模块化分组实施；各单位将会计核算、报表编制等同质业务剥离，使得财务人员人数精简，人员结构层次调整，管理成本得到降低，取得规模效益；实行模块化分组核算，设置债权债务组、成本费用组、固定资产组、税务组、总账报表组和资金组等专业组，各专业组负责本模块的会计核算，监督国家、企业财税法规制度及全面预算执行情况，进行模块化专业财务分析，提出相关管理建议；把财务部门转变为业务部门值得信赖的“顾问”，从财务视角对企业战略和业务进行规划、分析和预测，积极促使企业资源和资本集中到提升企业价值和股东价值的业务活动中，引导业务流程改善以符合战略要求。

2.建设一体化可视化的财务共享平台

在现有财务系统基础上，进行财务共享服务平台的应用扩展，将财务共享服务平台与现有信息系统整合，支持财务和业务信息的无缝流转，实现业务和财务数据标准和口径的统一；财务共享平台主要实现财务共享类业务的任务汇聚、调度、处理、监控等，以任务池引擎、规则引擎等技术为核心，支撑业务财务标准化、流程化，集中业务处理，共享人力和流程资源；将财务共享平台与预算系统、资金系统、核算系统等多个业务系统以及影像设备、条码扫描设备进行集成，同时将费用报销业务纳入平台进行统一管理，相关数据信息在各业务系统中实时共享和自动流转，形成企业财务系统大融合。

3.以管控为重点实现业务财务一体化

财务共享服务中心建设从注重结果转换为注重过程的流程化管理控制，从而实现企业的精细化管理，对企业范围内各条业务线流程在不同部门、直属单位的业务实践进行规范；通过对业务和财务处理进行标准化定义并充分利用系统化控制和辅助审核，处理总部和直属单位的财务收支业务，避免各直属单位执行企业财务和会计政策对的差异，真正统一企业财务和会计政策，使得财务能够准确反映每一项业务交易，保证业务与财务信息的一致性；对梳理后的流程，根据具体的业务情况，通过系统配置、表单开发、接口传递等方式实现流程自动化。

4.财务管理向管理和决策分析型转变

财务共享中心将业务范围内的共享服务整合成服务目录，并按可衡量的服务水平不断拓展运营绩效，将财务数据管理、分析和展现与具体业务主题结合，为业务部门提供可靠的财务服务，如商旅管理、往来对账、车辆管理、应收管理等；财务共享中心为管理层提供信息报表服务，如统计报表、管理报表、分析报表、数据支持；企业各直属单位保留的财务人员主要根据共享中心提供的财务报告和基础资料，专业从事财务管理和分析，满足各单位决策所需的财务支持，真正打造一支管理型、决策分析型的财务团队。

（二）人力共享服务

1.探索人力共享服务中心的组织形式

探索“共享服务中心、专业咨询服务、业务合作伙伴”共同驱动的人力资源组织形式，将各业务单元与人力资源管理有关的行政事务性工作集中起来，将人力资源管理职能范围延伸至人力资源共享服务、人力资源咨询服务、人力资源业务合作伙伴模块。通过共享中心实体组织或平台虚拟组织等适应企业实际的形式，为企业直属单位提供人力资源管理服务，实现人员的统一调配及管理，提高人力资源管理效率；建立专业化人事服务团队，进行数据收集和资源的整合，制定统一规范的人力资源服务管理流程和标准，包括人员招聘、薪资核算、福利发放、社会保险缴纳、劳动合同管理、人事档案管理、人力资源信息、职业培训、员工沟通、投诉建议处理等；为各直属单位提供人力资源相关的专业咨询，包括人力资源规划、人事测评、薪酬设计、绩效管理制度拟定、培训需求研究、培训体系建立等专业性工作；帮助业务部门设定人力资源的工作目标和计划，并树立起对业务部门的内部客户服务意识，为各单位高层管理者在员工发展、人才发掘、能力培养等方面提供专业的人力资源解决方案。

2.建设智能全链条人力资源共享平台

通过人力资源共享平台打通面试、测评、入职、培训、绩效、薪酬、社保和离职等全过程管理环节，实现一站式服务，极大地提升员工的工作满意度。基础资源模块由各级人力资源部门按照各自的权限来维护和使用数据，包括组织机构管理、岗位管理、员工信息管理、统计报表等；系统管理模块包括人力资源规划、系统薪酬管理、系统绩效管理、人工成本管理等；共享服务模块包括员工配置管理、劳动合同管理、薪酬管理、社保福利管理、招聘管理、绩效管理、核心人员管理等；员工服务模块包括人力资源门户、自助服务等，在为全体员工提供人力资源服务的同时，实现上下级之间信息的发布与反馈，以及各级人力资源部门之间的相互交流。

3.描绘员工画像实现员工全周期管理

通过人力资源共享平台和其他信息系统的联动，从总体上把握员工的学历、性别、年龄、专业、层级等分布情况，以及公司员工数量动态变化；综合员工基本信息，展示其职级、薪资、奖惩、性格能力、职业兴趣、行为特征等信息，分别从不同维度对每个员工进行画像，从管理者角度展示员工个人信息情况，从时间维度展示员工从进入公司以来的入职、转正、调岗、升职等信息，真正做到员工的全周期管理。

4.建设企业生态级灵活用工共享平台

以共享服务平台提供的全面的人力资源管理库为依托，搭建企业级和生态级的灵活用工平台，帮助企业优化驾驶员、维修工等特殊劳动者在各单位之间、企业与社会之间、其他组织之间的供需关系，促进生产经营效率提高，优化资源配置关系，降低劳动用工成本；通过劳动用工平台实现企业与劳动者之间在线精准匹配，使得有需求的单位可以将标准化、结构化的工作任务通过平台在线发包，其他劳动力过剩的单位、驾驶员和维修工等均可以通过平台在线接包，实现了劳动用工的灵活共享模式。

（三）采购共享服务

1.建立采购共享服务中心的组织形式

企业将各单位所有与采购管理有关的行政事务性工作，如供应商准入、供应商考核评价、合格供应商管理、采购需求计划管理、采购过程管理、采购合同签订、采购执行管控等业务集中起来，以组织全局库存和资金统筹为基础，建立统一的集中采购服务中心，形成上下一体、分工协作、资源共享、集中统一的物资采购组织模式；通过对主要供应商、关键采购业务环节的集中统一管理，实现企业所有业务单位的统一采购渠道，规范采购标准，降低采购过程的不确定性，提高采购运营效率。

2.建设在线协同的集中采购共享平台

通过集中采购共享平台对采购业务和供应商进行全过程管理，实现供采双方的在线协同，打造阳光采购平台。采购业务全周期管理模块，对采购业务进行从采购需求、计划，到采购寻源、采购执行、服务评价等全流程管理；采购寻源管理模块，支持招标、询比价、竞价、竞争谈判、单一来源等多种采购寻源方式；供应商管理模块，对供应商进行涵盖认证、准入、考核、评级的全过程管理；采供在线协同模块，采供双方在线完成询价/报价、邀标/授标、发标/投标等业务互动。

3.供应链管理实现采购战略决策价值

在集中采购共享服务的基础上，采购管理职能人员更加聚焦采购数据统计与分析，为管理层提供供应链管理、成本控制等方面的战略决策支持；在逐步打通与营运平台、维修平台的大数据共享后，实现采购与运营、维护、处置的全链条管理，推动供应链管理的数字化升级；拓展集中采购平台的交易撮合、优化供应链、金融服务等业务，通过集合和统一各种采购需求，形成集中的采购订单，向一个或多个供应商进行综合资质考察、询价比较，择优进行采购；通过统一库存获得对采购物品的品质和服务质量的控制，从而有效降低采购成本。

第三节　提升自动办公水平

现有 OA 系统受到功能限制，有很多线下流程仍然未实现完全转变为线上办公模式，下属单位尚未建立统一规范的流程管理制度，高效的工作流程尚未全面深入企业各个业务环节，工作任务过程的共享、提醒和交流的体验程度仍然不高；会务管理、用车管理等仍然通过人工方式进行协调沟通，信息无法实时共享，极大占用了资源空间，降低了工作效率；知识管理的良好机制尚未形成，对有价值的案例和实践未总结成体系化的共享管理模式，无法为员工进行高效、快速赋能。

一、转型思路

面向企业及直属单位的各级人员，建设统一的自动化办公平台，有机结合业务应用系统，以工作流引擎为底层服务，以通信沟通平台为交流手段，以门户自定义平台为信息推送显示平台，为用户提供集成的协同工作环境。让领导和员工实时获取与日常工作相关的主要信息，实现"无纸化办公"的绿色智能的工作模式。

二、转型价值

建立和完善公司业务流程和管理流程，推进绿色低碳办公模式；通过标准化的管理服务流程，实现全过程的监管，促进服务质量的提升；审批决议事项均可以实现移动办公，极大提升决策管理效率；会议室安排、下发通知、会议签到由系统自动生成代替人工安排，提高管理效率，从繁杂事务中释放员工，使其聚焦更重要的业务；实时查询学习有价值的实践和案例，为业务开展提供支持；通过流程工具灵活配置业务流程，满足数字化时代频繁变更的业务流程重构的需求。

三、实施路径

（一）建设个性设置的办公平台门户

集成企业业务系统各模块的主要应用功能，根据不同单位、不同岗位、不同人员所关注的内容，将来自于外部及内部各业务系统的信息进行统一接入，为员工用户提供个性化的集成界面，使每个员工进入办公自动化平台后可显示自己最为关注的内容，极大地提高工作效率；同时，通过统一用户验证、授权、管理和安全机制，提供单点登录服务，实现全企业自动化办公的共性与个性管理。

（二）建立标准灵活的流程管理模块

搭建动态、规范、平滑、高效的流程管理体系和模型，对业务过程中产生的各种电子表单实施流程自动化处理，提高企业运作效率，降低管理成本，并通过流程节点监控来解决影响工作效率的瓶颈；采用组件式的设计方法让工作流程作为独立的服务可被各模块引用，实现业务流程驱动的高效协同；提供图形化的流程设计工具，以"所见即所得"的方式设计流程，使得各层级的业务人员可以快速掌握工作流程设计方法，实现业务和技术语言的统一，避免业务需求和技术实现之间的错配，更精准高效地进行流程灵活搭建和变更。

（三）建立实时跟踪的公文管理模块

实现收文管理、发文管理、文件送审签等办理过程的自动化，利用工作流引擎灵活设定公文流程，自动进行流程跟踪、催办、查办，并自动归类存档，形成正式文件管理数据库；支持扫描录入及调入文本文件等方式，并按照用户权限分级查看，实现部门领导核稿、相关部门会签、办公室审稿、企业领导签发、办公室编号打印等全流程无纸化操作，实现内部文件的自动流转和快速阅批、分送传阅，解决公文办理情况不易于跟踪、办理意见不利于查阅等问题。

(四)建立共享复用的知识管理模块

搭建跨组织的知识管理机制,明确企业全体员工贡献、参与、管理的知识内容、职责、方式以及考核奖罚办法,实现知识发布、共享、积累、利用与创新的全过程管控,助力企业沉淀共享知识,打造学习型组织,从而节省大量传递信息、查找信息、管理信息的成本;基于画像和知识图谱技术使知识智能获取和精准推送,支持面向行业、客户、员工等的多场景应用,充分发挥知识价值;结合移动学习、知识地图、积分体系等,赋能员工主动学习,激活知识管理价值。

(五)建立按需应用的综合管理模块

通过自定义的综合管理平台为日常工作中的各项办公事务提供丰富的管理功能,打通自动化办公平台与企业其他业务应用系统的接口,实现按需新增、变更和使用综合管理模块;平台在嵌入会务管理、考勤管理、用车管理、物品管理、档案管理、合同管理、培训管理、印章管理等标准模块的基础上,可以根据业务需要实时快捷新增其他功能模块,满足日常行政办公需求,使员工能够协同工作并提高整体运营效率。

(六)移动办公提升全员的在线协同

打造多入口、多终端、多角色、多应用、多场景的统一移动办公平台,助力企业组织保持移动在线,敏捷构建个性化移动应用;将所有业务系统封装进移动办公 App,实现移动门户、移动审批、移动学习、移动运营、移动报销、移动客户、移动合同等移动业务场景的统一集成,让移动应用更方便、更安全,全方位打造实时移动企业,赋能企业高效创新与发展。

第四节　持续推动协同管理

大多数交通运输企业在党工团建管理、法务合同管理、风险管理等方面还是较为依赖传统的人工手段,不免带来管理效能低下,往往因为线下工作流程的机械性和重复性,造成员工的工作效能损失,无法集中精力攻克具有高附加值的工作任务;尚未建立项目管理系统,项目资料保存没有统一明确的标准,数据没有标准化对比分析,搜索耗时费力;合同中存在不规范不明确的表达,同时合同审批流程、归档管理不在同一个平台,没有过期合同预警提醒机制,难以闭环管理;资产管理主要依靠人工使用纸质或表格登记,缺乏系统的规范流程管理,容易造成调拨记录、审批等信息缺失,难以跟踪资产流向;物业管理依靠人工沟通、线下招商和租赁推广,难以发挥物业管理和服务模式的创新。

一、转型思路

建立协同管理平台，带动企业管理流程梳理与优化，推动内部管理变革与创新，促进管理提升，有效实现管理对业务的赋能和体现管理服务场景价值，打破部门职能壁垒。建设党纪团群全面在线的党建管理平台，让党建知识在线分享与学习更便捷更有效，推动智慧党建升级；建设工会管理平台，促使工会、团群工作在线协同，激发组织活力；建设资产管理平台，实现资产全生命周期的数字化管理，全面提升资产利用效率，实时监控资产流转情况，实现资产保值增值，满足企业领导对资产穿透性管理的要求，以及资产责任人对资产管理的全过程跟踪需求；建设投资项目、工程项目、科技项目等一体化的项目管理平台，实现项目管理全过程、全要素的集成，保证各类项目能够看得见、管得住，连接和赋能项目的各参与方，实现项目管理全过程的组织在线、沟通在线、协同在线、业务在线和生态在线，满足企业总部和直属单位多级项目管理和控制的业务需求；通过物业管理平台在业务、管家、生态和运营方面的多源管理，提高企业物业管理的实时性和效率，打造智慧、高效、方便、快捷的智慧物管模式；建设覆盖合同起草、审批、签订、执行、归档、统计全周期的法务管理平台，助力规范化合同管理体系的建立，实现法务与业务、财务的一体化融合，通过合同签约和履约情况洞察业务经营动态，从法务管理视角切入，持续提升风险防控能力和合规经营水平；建设以上报、预警、处置、监控等要素为核心的风险管理平台，助力风险、内控、合规一体化体系的建设，通过风险主动预警、风险事件按权责自动流转，实现全面风险管理、合规管理和内部控制在风险管理平台的协同落地。

二、转型价值

统一规范管理中可标准化的流程，共享数据库平台，提升企业运营效率，从而达到降本增效的目的；对开发项目的开发进度进行实时监控和协调，不用去现场也能了解现场的工作开展情况；提高党建工作效率，提升公司党建品牌形象；对合同签订前、签订过程中、签订后、资料归档全过程进行统一管理，提高合同审批效率，规范合规管理，减少法律诉讼纠纷；规范资产管理，实现资产保值增值；实现物业线上管理、服务和招商运营，提高物业经营管理效率。在协同管理平台下打破各部门职能壁垒、总部和下属单位的壁垒，在统一的工作流程标准下避免责任推诿情况的发生，实现共享协同的工作模式，提高工作效率和员工体验。

三、实施路径

（一）党建管理

1.党务统筹管理

通过集成党建新闻、党委公文、组织管理、党员管理、组织生活会议、在线党校等应用，助力多级党组织建设，发挥基层党组织战斗堡垒作用，打造先进型组织；多图表展示党委发文、党课学时、学费缴纳、党员构成、创新活动等数据情况，帮助党委领导掌握党建最新动态，科学决策、统筹安排企业党建工作。

2.党员移动学习

集中展示党中央、企业总部、直属单位的党纪党规、反腐制度，方便党员、群众学习，构筑思想防线；将党章党规、总书记系列讲话、党建制度和应知应记等相关知识与课程迁移到线上，拓宽党员员工学习渠道，结合移动端实现实时在线考试，快速验证学习成果，推进学用结合。

3.信访透明管理

实现信访流程全程在线化，支持一键发起举报投诉，举报人可随时查看受理进度，让信访全过程留痕，便于各类信访举报件高效处理。

（二）工会管理

1.团群全时互动

通过团员管理、群众活动、帮扶济困、先进宣传等的实时在线展示，助力企业团委、工会工作的创新管理；通过线上、线下渠道相结合，紧密联系青年员工、职工群众，营造组织的归属感，凝聚人心打造更具活力的企业组织。

2.工会在线家园

通过各类群众活动在线发起、先进事迹宣传、企业新闻传播等，营造职工在线家园；支持员工快速发起帮扶济困、职工关怀等活动，使工会快速审批，传递企业爱心；采用在线问卷与投票管理完成工会选举、活动投票等工作，使得统计结果更快速精准，全程透明。

（三）资产管理

1.资产精细化管理

充分利用企业沉淀的底层数据资源和各类业务的终端感知设备，整合企业各类资产资源，统一资产台账形式、统一资产编码规则、统一资产管控流程，建立标准规范的资产管理体系；通过建立标准规范的资产卡片，批量导入导出基础资产数据，快速生成资产管理台账，让企业总部及直属单位的资产管理趋于精细化。

2.资产全周期管控

基于统一的资产卡片ID，支持车辆、充电桩、维修材料等各类资产从采购、入库、领用、归还、调拨、维修、变更、处置、租赁等全周期的实时在线管理，确保各类资产的高效使用与保管；通过落实资产的“物、人、ID”全生命周期的一致性管理，对资产全周期的操作进行线上留痕和实时记录，确保资产管理责任追溯到具体人员和具体事项，防止资产流失。

3.账实一致性管理

利用微服务架构和数字化平台打通资产管理与财务管理、采购管理、项目管理、维修管理等业务系统之间的通道，通过建立资产与成本、费用等会计科目的映射规则，保证资产卡片的变动信息能够实时同步到财务系统；通过信息系统互联互通和数据资源共享共用，建立资产账账相符、账实相符的长效机制，保证财务总账、财务明细账和资产明细账的一致协同，实现企业资产管理的账实一致。

4.资产智能化分析

建立资产画像模型，通过多维资产报表实时掌握资产明细、资产闲置、资产增减、资产处置、资产折旧等全貌；自动生成资产分析简报，有效调配闲置资产，提高资产利用效率，为资产评估和决策提供可靠依据。

（四）项目管理

1.项目在线立项

贯穿战略规划、年度经营目标、年度计划到具体项目立项的全过程，实现项目的立项申请、专业评审均在线上完成，通过项目立项数据与项目执行数据无缝对接，使领导和员工随时快速便捷地查看、导出项目立项报告和评审过程资料。

2.项目协同策划

贯穿项目启动和策划全过程，通过项目唯一的识别编号，确保项目信息在所有相关业务部门和信息系统之间透明传递；规范项目启动过程，在项目团队组建、项目交底、项目启动会、项目绩效责任考核等方面构建标准流程，通过全程线上留痕来减少项目执行隐患；对项目进行科学策划，充分利用历史项目经验、项目管理实践等案例库，辅助项目快速策划进程；将项目分解为流程畅通、边界清晰的子项目，通过项目链接码形成项目链条，使得项目规划更加精准并有效落地。

3.项目精细管控

建立项目计划编制与进度控制的标准体系，包括数据规范、岗位职责、操作流程等，涵盖计划编制、进度反馈、预警监控、计划调整、计划考核等全过程；建立针对不同项目类型的标准任务计划线上模板，保证项目执行过程的规范性；依托项目计划分级、分层控制机制，在系统中搭建包括关键里程碑计划、总控计划、专项计划等在内的项目进度管控工具，实现各级计划的分解和汇总；建立针对不同类型项目的风险预警机制和模型，提前感知项目风险，系统管控项目计划调整和变化。

（五）物业管理

1.物业业主管理

面向物业业主人员端，为企业及个人物业业主提供停车、缴费、维护、生活服务等各项物业服务，提供一站式物业服务新体验。通过业主画像深度挖掘物业服务的商业价值，提高物业管理智能化、数字化、自动化水平，提升对业主的全链条物业服务能力。同时，通过对业主进行精细化的管理和营销，为企业业主及个人业主提供增值产品和服务，拓展物业利润渠道。

2.物业管家管理

面向物业服务人员端，通过为物业管家提供线上支持服务，实现在客服、巡检、品质、工单等物业服务方面的无纸化和智能化模式，提高物业服务人员的服务质量及效率。

3.物业生态管理

整合线上线下资源，进行物业服务的商业模式创新，通过社区增值服务不断为企业物业创造新的盈利点，获取高增长收益。联动社区周边商家，通过广告、优惠券、促销打折等活动为业主提供优质商业服务，增加物业收入来源，实现多方共赢。

4.物业运营管理

围绕物业管理平台建立物业运营管理的服务标准和体系，通过短信通知、活动公告、客户关怀等多种方式，以平台为核心管理物业和社区的日常运营事务，以便捷的线上交流拉近物业与业主之间的距离，为所在物业社区提供丰富多彩的服务运营方案。

（六）法务管理

1.合同管理

针对通用场景和企业所处产业的个性场景，构建合同线上范本库，支持标准合同模板的快速生成，提高业务人员和法务人员起草合同的效率。嵌入标准的合同审批流程，智能帮助领导审阅多种格式的合同文本，完整记录合同审批链条和意见反馈，降低合同文本风险和合同执行风险。将企业所有类型的合同协议在签署完成后通过合同库进行统一管理，制订严格的合同履约计划，并实现全程线上的合同履约跟踪，通过系统自动提示合同的开始、结束、逾期等节点，并根据授权规则精准推送至相关人员，把控合同履约进度。使合同与财务收付款、发票开具进行对接，根据对合同条款的智能识别，自动提醒业务人员提前进行商务沟通，提醒财务人员合同结算支付的各期时间节点和金额，促进法务、业务、财务的协同运转。

2.智能预警

基于合同到期、收付款、发票、发货、违约等关键条款信息，实时监测相关合同风险征兆，智能推送相关法规，辅助合同审核人员更高效、更精准地判断和识别合同风险，保障合同顺利执行；对接第三方资信平台，实时获取公司运营主体合作伙伴的工商司法信息、企业异动情况、政府相关监管信息等的动态信息变化，当发生资信风险时，系统自动预警合同相关业务人员。

3.诉讼管理

建立丰富的线上法规数据库，基于法律大数据强化法务管理和法治建设，通过数据驱动精准决策；智能推送最新法规和案例，基于合同风险识别情况自动推荐关联度最高的司法案例、法律法规，为后续潜在的诉讼策略提供全面的法律数据支持；构建外聘律师能力画像，可视化呈现律师的专业领域、执业能力、服务质量，使企业外部律师的选聘更科学有效。

(七)风险管理

1.风险主动识别

针对合同风险、人员风险、供应商风险等风险管理体系涉及的各项风险，建立可量化的风险模型，配置风险识别规则，实现对风险的智能化主动识别；同时，针对招投标等日常发生的风险，通过风险事件上报流程实现上报到分析、处置、应对的全过程线上管控，在触发相关流程后自动提交到相关部门进行风险处理并记录风险历史发生情况。

2.风控业务协同

建立风险清单库，将人为上报或系统识别的风险事件整合到风险库中进行统一管理，实现多类型风险事件从识别、预警、处置、整改的全周期管理；建立风险内控矩阵库，可视化展现并快速检索相关业务流程和关键控制点，以及控制方式、控制频率、控制文档，并与业务审批流实现一致性协同管理，避免风控和业务的"两张皮"。

3.制度多级管控

实现多级业务流程与相关内控制度文件的协同关联，同时对内控文件审批、授权、用印发布、水印、日志、版本、权限、防篡改进行自动控制；通过文件水印、文件权限设置、文档版本管理等的严密设置，实现对内控文件审批、授权、用印的一体化管控。

4.合规闭环管理

集成合规事件库、法律法规库等数据，通过将合规管理要求嵌入风险内控矩阵，并将合规要求嵌入控制制度，实现合规事件上报自动流转至相关责任部门进行快速处置，形成上报、处置、整改、监控的全周期闭环管理。

5.报表可视呈现

通过对风控合规管理数据和事件的分析，从类型、时间、单位、部门等多维度自定义风控管理报表，为管理者多维度、可视化地展示风控合规的管理水平，对核心风险进行预警提醒，辅助相关管理决策。

第十一章 | 高效发挥数据要素价值支撑

高效发挥数据要素的价值支撑功能，打造数据体系和数字平台。通过打造敏捷开发体系和数据管理体系，建立数据中台、业务中台、技术平台和大数据平台，以数据驱动企业用户、服务、运营、管理方面的数字化转型升级和价值实现。

第一节 着力打造数据体系

一、转型思路

建设交通运输行业新型数字化技术能力。建立数据管理体系（图 11-1），实现高效数据运营。快速应用前端轻量级业务系统，突破原有工作模式，实现快速转型。建立通用模块化微服务，通过标准化的模块组装提高开发效率，降低安全风险。注重核心技术能力的掌握，在总体可控的前提下实现架构平台开放目标。

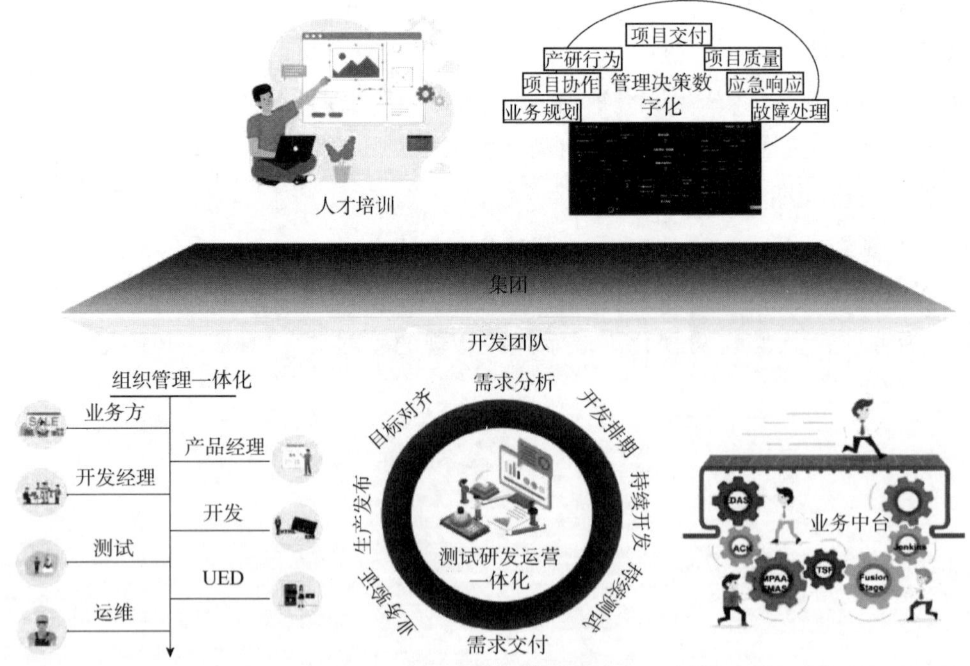

图 11-1 着力打造数据管理体系

二、实施路径

（一）微服务技术架构

通过微服务技术架构整合所有技术组件，将所有的软件开发资源服务化为可编程接口，为应用的开发和运行维护提供通用、快捷、稳定的基础支撑能力，实现协同工作；协同开发与运维实现IT项目自动化交付，容器化封装和服务编排实现资源共享和弹性伸缩；系统监控实现故障自测和自我修复，精准快速定位问题所在；围绕业务领域组件来创建应用，使应用可独立开发、管理和迭代，将大型单个应用程序和服务拆分为用户服务、商品服务、订单服务、积分服务等多个松耦合的微服务，通过协议进行互相协作，在分散的组件中使用云架构和平台式部署、管理和服务功能，加快产品交付进程，降低应用开发和运维复杂度，缩短项目交付周期。

（二）自动化软件交付

打造开发运维一体化的自动化软件交付方式，实现开发和运维的自动化协同；纵向打通工具链，把从开发提交到上线部署的各个环节全部打通，实现自动化一键部署；横向打通部门“墙”，通过流程重组把开发人员、运维人员和相关技术人员链接起来，实现高效协同工作；搭建开发运维一体化平台，将软件交付过程的各个环节有效集成，实现IT项目的精益运营，包括开发运维一体化平台门户、持续生产流水线、环境管理、运营分析等精益运营和流程改善资源及机制。

（三）智能化系统运维

建设基础资源管理能力，将代码库、配置信息、容器、环境等资源拆分成微服务后进行系统性的有效管理，保障基础资源对自动化软件交付提供基础能力和实现系统资源的弹性伸缩；建设有效服务治理能力，系统能够提供服务资产管理能力、在线服务控制能力、问题自动检测和主动自愈能力，保障平台的稳定性和可维护性；建设调用链跟踪分析能力，快速定位和分析问题，通过调用链展示服务的调用关系并记录每个服务的执行状态、执行时长、运行状态参数等信息；建设预警报警能力，通过设置安全阈值实现事前预警、事后报警，当系统出现问题时可以发出告警，通知相关责任人并采用容灾、容错、故障转移等不同级别的处理方式。

（四）数据管理组织体系

建立独立完整的关于数据资产管理的组织责任体系，明确各级角色和职责。数据管理委员会由企业主要分管领导组成，作为数据决策者，负责领导数据资产管理工作，包括重大工作内容和方向，在数据角色方出现问题时负责协调仲裁等；大数据中心（数据管理部）作为数据管理者,负责牵头制定数据管理的政策、标准、规则、流程,监督各项数据规则和规范的约束落实情况,大数据平台的数据管控流程制定和具体运营;各职能部门和直属单位作为数据提供者和使用者,负责配合制定相关数据标准、数据制度和规则,遵守和执行数据标准管控相关的流程,根据数据标准和规范保障原始数据质量,反馈数据效果。

(五)数据管理制度体系

建立一套覆盖数据导入、使用、共享等整个生产运营过程的数据管理标准规范,从制度上保障数据资产管理工作有据、可行、可控,支撑数据管理活动实施和组织责任体系的有效运行;结合国际标准和行业标准,围绕数据资产全生命周期管理,制定相关的数据规范体系,包括元数据标准、核心业务指标数据标准、业务系统数据模型标准、主数据标准、关键业务稽核规则等,使得数据管理人员在工作中有明确的规则可依,逐步推动相关数据规范和标准的工作建设,使数据有效汇聚和应用,切实保障数据资产管理的流畅实现。

(六)数据管理工作清单

数据管理清单主要包括建立数据标准管理、数据模型管理、元数据管理、主数据管理、数据质量管理、数据安全管理、数据共享管理等任务在内的工作任务,共同推动数据管理工作扎实推进和高效落地,创造数据管理和运营价值。

(1)数据标准管理:数据标准的制定和实施。通过统一的数据标准制定和发布,结合制度约束、系统控制等手段,实现大数据平台数据的完整性、有效性、一致性、规范性,推动数据的共享开放,构建统一的数据资产地图,为数据管理活动提供参考依据。

(2)数据模型管理:数据模型的标准化管理和统一管控。汇总完整、可扩展、稳定的数据模型,通过数据模型管理清楚地表达企业内部各种业务主体之间的数据相关性,使不同部门的业务人员、应用开发人员和系统管理人员获得关于企业内部业务数据的统一完整视图。

(3)元数据管理:元数据的规划、实施与控制。通过元数据管理描述数据在使用流程中的信息,实现关键信息的追踪和记录;开发和维护元数据标准,建设元数据管理工具,创建、采集、整合元数据;管理元数据存储库,分发和使用元数据,开展对元数据的分析。

(4)主数据管理:协调和管理与核心业务实体相关的系统记录数据。通过对主数据值进行控制,使得企业可以跨系统地使用一致和共享的主数据,提供来自权威数据源协调一致的高质量主数据,降低成本和复杂度,从而支撑跨部门、跨系统数据融合应用。

(5)数据质量管理:衡量、提高和确保数据质量的规划、实施与控制。通过开展数据质量管理工作,帮助企业获得干净、结构清晰的数据,作为开发大数据产品、提供对外数据服务、发挥大数据价值的必要前提。

(6)数据安全管理:规划、开发和执行数据安全政策与措施,维护适当的身份确认、授权、访问与审计等功能。通过数据安全管理建立完善的体系化安全策略措施,全方位进行安全管控,通过多种手段确保数据资产在存、管、用等各个环节中的安全,做到事前可管、事中可控、事后可查。

(7)数据共享管理:开展数据共享和交换,实现数据内外部价值。通过数据共享管理实现数据内部共享(内部跨组织、跨部门的数据交换)、外部流通(企业之间的数据交换)、对外开放,打通企业内部各部门间的数据共享瓶颈,按照统一规范的数据标准与数据共享制度,将数据中符合共享开放层级的信息以合规安全的形式完成共享交换和发布。

第二节　深化建设数据平台

一、转型思路

建设新一代的数据平台(图 11-2),快速响应业务需求,多频迭代,提升业务敏捷度,在开发层面上对业务应用提供开发框架标准和对外服务标准,基于组件化开发、松耦合模式、自助式服务组合模式实现平台的可持续交付。

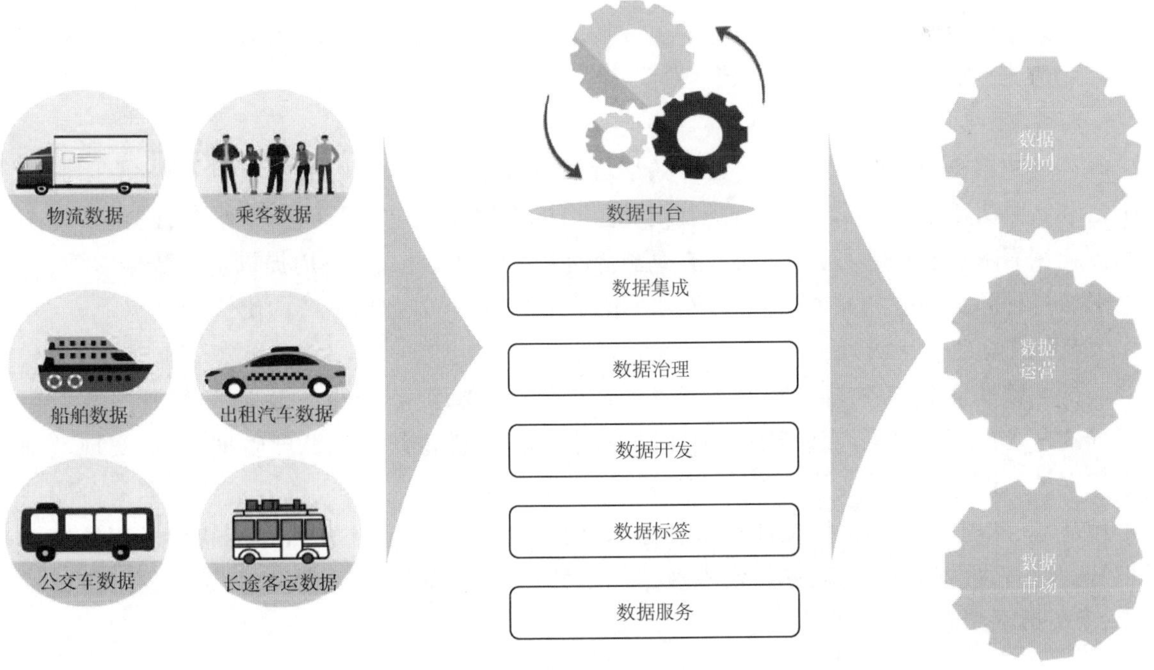

图 11-2　深化建设数据平台

二、实施路径

（一）建设企业级数据中台

对海量的数据进行统一采集存储、统一治理、统一分析调用，形成对企业真正有价值的数据资产，为更高层数据应用提供高价值的数据服务，从数据基础层面解决信息系统面向业务服务化发展中面临的孤岛问题。通过构建向上支撑业务应用开发、数据共享服务和展示，向下依托数字化云平台计算和存储能力的强大的数据中台体系，实现数据集成能力、分析能力、共享能力、展示能力的提升，应用的敏捷开发、快速部署和功能组件复用，为数据的融合贯通提供支撑，为未来发展打好基础。最终实现企业人、车、线、站、场、桩等核心生产要素数据输入、处理、输出的数字化处理与应用能力。

1.形成数据采集能力

融合内外部数据，形成企业级数据资产池。批量、动态采集结构化数据、非结构化数据，将企业现有业务数据纳入数据中台，同时也将行业、监管、乘客等外部数据纳入数据中台，实现数据的标准化和关联融合，形成企业全景数据视图，为内外部数据资产共享打下基础。

2.形成数据加工能力

通过批量数据加工与输出，快速响应业务需求。对原始明细数据、标准化明细数据和共性加工数据进行批量加工计算，按标准化数据模型存储，基于企业级数据主题模型设计统一标准化数据模型；搭建分布式、高性能、可弹性扩展、高可用、易用的基础数据平台，快速响应多样化的业务需求。

3.形成数据服务能力

创建数据资产目录，实现数据资产共享价值最大化。支持云内数据集市、统一应用服务平台和实时决策平台的实时数据查询，批量生成标准数据文件到统一交换平台，支持云外的数据应用需求；通过强大的数据加工能力融合内外部数据，为业务应用提供基础数据服务，最终形成各种数据服务产品，服务于内外部不同业务场景，提升数据资产的价值。

4.形成数据运营能力

构建数据运营体系，降低数据运营成本。提供统一的数据开发平台，使运维开发人员在标准的开发规范指引下能基于平台快速开发数据应用；提供统一的调度管理平台，实现基础数据平台的任务调度及监控功能，与管控平台建立元数据接口，形成统一基础数据平台的技术规范、开发规范和管理规范，捕获基础数据平台所需的任务日志并做好存储和运营日志管理；通过构建数据运营体系，逐步实现数据工厂的自动化、规范化和流程化，提升数据运营效率，降低数据运营成本。

（二）建设企业级业务中台

建设企业级业务中台，围绕出行、物流、生活等全业务流程，提炼各个业务域的共性需求，打造成组件化的资源包，将核心业务能力以服务的方式进行有效沉淀，聚合跨部门、跨单位、跨业务板块的通用资源，如客户资源、线网资源、车辆资源、供应商资源等，实现服务在不同场景中的业务能力重用，以接口的形式供各类前端应用调配使用，实现业务聚合效应，支撑业务的快速实现与交付。在丰富灵活的“大中台”基础上，让“小前台”在创新拓展、更新迭代的过程中更加灵活敏捷。

1.形成共性业务沉淀能力

通过业务服务化将企业资源以业务能力的形式组织起来，从场景构建开始循序渐进地梳理、识别、抽象、提取具有可复用属性的能力、流程、模型，形成统一、共用的服务能力，不断沉淀、迭代升级可复用的服务组件，初步建设用户中心、订单中心、支付中心、客服中心等业务共享服务中心，使得中台能力持续得到强化与提升，各前端应用可灵活按需使用中心服务，不需要重新开始构建共同的业务逻辑。

2.形成业务实时互通能力

按照业务域集中服务能力，将共享服务所管理的数据从各个前端应用沉淀到共享服务中心，既确保了数据的一致性，起到主数据统一管理的作用，又确保数据在每个业务层面的实时应用。

3.形成业务快速创新能力

基于业务共享服务中心所提供的通用服务能力，最大化分离技术与业务，让前端运营组织更专注于各自领域本身的持续发展，以云化的业务能力快速支撑创新，打造差异化核心竞争力，为企业的可持续发展和迅速转型打下基础。

4.形成数据实时智能能力

在前端业务发生的同时，将数据实时反映在共享业务中心，大数据中心和中台进行统一对接，实现数据标准统一与高效互通，通过数据智能驱动实时战略决策。

5.形成中台持续运营能力

持续扩容中台能力，有效满足多业态的业务发展模式，灵活快速响应业务变化；业务中台的各服务中心通过独立运营的方式实现业务数据模型的内聚与隔离，使得业务在数据模型层面具备更好的扩展性，当前端业务需要随着市场需求快速反应时，能基于中台已有的业务能力快速进行组合和扩展，实现迭代式持续运营。

（三）建设企业级混合云平台

建设企业级的混合云平台，打造集团的数据底座和数据中台，构建企业数据中台的云端存储能力、数据处理能力、容器管理能力、容灾备份能力、安全管控能力和云平台管理能力，从而支撑业务中台。

1.形成云端存储能力

部署软硬一体的混合云存储阵列，对内提供文件和块存储服务，支持快照到本地卷和云端操作支持系统，恢复时从本地恢复或者从云端获取快照数据后在本地恢复，实现本地存储容量无限扩展；将本地数据中心现有的海量数据迁移上云，归档到云端以避免数据丢失。

2.形成数据处理能力

实现数据云下采集和云上加工，并针对不同的业务需求进行不同的数据应用处理，通过算法服务进行数据报表分析及线上展示，将数据处理结果实时返回给用户。

3.形成容器管理能力

高速通道专线打通云上云下机房，实现容器资源的统一管理；通过容器屏蔽云上云下的异构环境，以不变的方式部署应用，通过数据迁移服务同步云上云下数据，结合容器统一方式部署的特性将线下应用热迁上云，实现云上云下异构环境的应用统一部署、迁移。

4.形成容灾备份能力

达到5级容灾标准，支持虚拟机、物理机、数据库等各类企业应用，满足断网断电、火灾、自然灾害等不可控情况下的容灾需求，使主数据中心无法继续服务时，用户应用可以在灾备数据中心启动，保持业务连续性；通过高速通道专线打通云上和云下机房实现业务互通，基于云解析域名系统（DNS）多线路智能解析实时监控用户服务资源，实现用户对访问调度智能管理，并通过数据迁移工具（DTS）实现云上云下数据库实时同步，实现云上云下双中心互备。

5.形成安全管控能力

构建云上云下统一的安全策略和协同操作，加强云服务器安全管控的可视化、可控化和可管理性，降低安全风险和云服务器的管理成本；通过混合云防护以泛安全数据与情报联动分析为驱动，提供全景的安全态势感知、攻击溯源、基础安全防护。

6.形成平台管理能力

实现对多云平台的统一管理，基于云计算服务集成，与现有账户和流程进行打通，打造内部整体的云计算综合平台，提升一体化的运维服务能力，实现基于混合云的自助服务，支持内部云市场功能，并解决IT系统集成问题。

（四）建设企业级大数据平台

基于国家数据标准，在Hadoop和云计算等技术的基础上，对企业所有业务和管理系统的历史数据、数据模型、报表应用等进行移植，建设企业大数据平台，实现企业数据资源的集中及整合，构建企业统一的数据模型，提高数据的处理效率与共享程度，实现对企业内部数据和外部数据的分析挖掘，对内对外提供数据服务。建立大数据分析体系，实现对企业各种业务数据的统一分类、管理、统计和分析等功能，为各级管理人员提供各类准确的统计分析预测数据，使其能够及时掌握全面的经营状况。

1.形成集群部署与监控能力

通过大数据平台实现Hadoop集群自动化部署，使用户在友好可视化界面上安装、部署、配置所需要的服务，无须使用终端命令或者代码就可以投入运算；通过大数据平台实现Hadoop集群性能监控，对集群的状态进行监控，包括服务器中央处理器（CPU）、内存、网络和磁盘的利用率和健康状态，以及分布式应用系统的状态，并在故障发生或者某项指标超过预设阈值时提供告警功能，由管理员通过访问集群监控和管理界面进行监控和维护。

2.形成数据存储与查询能力

通过大数据平台做好数据存储管理，实现全周期管理、多索引模式、多数据副本管理、数据导入导出、多级数据存储、多种类型数据支持、多种文件格式支持、数据标签管理等功能；做好数据查询，处理复杂分析模型，通过独立的分布式存储降低平台建设成本，提高平台内存分析数据量，将百亿数据行的查询延迟保持在次秒级别，通过高并发性处理能力保持对高基数与超大规模业务体系的支持能力。

3.形成数据计算与交换能力

通过大数据平台实现大数据计算，基于多种计算框架支持在大数据平台上运行多种类型的复杂任务，提供并行计算和并行处理的能力；通过大数据平台实现大数据共享交换，聚合各业务系统数据接入、互联网数据采集、合作伙伴系统数据接入、外部临时数据导入支持等各种类型的数据源，由包含接口定义和自定义组件的数据交换区实现可自定义的对外数据服务接口能力和数据接口热扩展能力，实现大数据平台内各存储区之间的数据交换功能。

4.形成数据分析与展现能力

通过大数据平台实现数据分析能力，构建多种编程语言环境和接口，实现对编程语言、自然语言和文本挖掘的处理与分析，自动更新数据源，实现数据分析流程的过程固化，根据实时/非实时数据集进行自动分析并展示和发布结果；通过大数据平台实现数据展示能力，为多数据来源输入输出提供表格、图形、地图等可视化元素展示功能，以及在个人电脑（PC）端、移动端、大屏等多个前端的展示，提供交互式报表、仪表盘、即席查询、移动分析、电子地图等多个数据结果展示。

5.形成数据管理与管控能力

通过大数据平台实现数据管理能力，将结构化数据放到数据库中并通过元数据管理进行统一管理；对非结构化数据按照互联网获取的数据、日志文件、文档、扫描件、邮件、图片、音频、视频等形态进行分类管理。通过大数据平台实现数据管控能力，构建主数据管理平台，实现企业级主数据存储、主数据整合、主数据监管以及主数据共享等功能，保持企业范围内的主数据完整性和一致性；通过图形化元数据管理工具实现对元数据的获取、维护、查询、变更、统计、导入等功能，依据数据标准和质量管理流程进行相应的数据清理和转换工作，包括去除重复数据、规范数据分类、补充完整数据、修正数据错误等，确保数据的科学、严谨和实用。

第三节　科学运用数据赋能

一、转型思路

在走向智能化的道路上，交通运输行业面临许多难点。因此，在交通建设中科学运用数据，成为数字化赋能全生命周期的关键步骤。科学运用数据赋能，融合多种交通方式，将会给交通枢纽带来巨大价值，将会推动一体化建设融合，降低运输成本，提高整体效率，加快交通运输行业的战略性转型。

二、实施路径

（一）数据中台赋能大数据处理能力

面向交通运输行业建设企业级数据中台，一站式提供数据汇聚、共享、消费、运营的全链路、智能化数据构建和管理的大数据能力，包括产品、技术和方法论等，助力打造标准统一、融会贯通、资产化、服务化、自动化的智能数据体系。基于大数据和微服务技术构建数据采集、数据治理、数据分析、数据探索、数据共享开发、数据可视化、数据监控等大数据产品平台。系统化地提供数据汇聚、共享、消费、运营的全链路、智能化数据构建和管理的大数据能力，包括时间数据汇聚整合、数据提纯加工、数据服务可视化、数据价值变现（采、治、挖、模、见、用）。

（二）网络运维赋能基础设施建维能力

交通运输企业应该逐步推动核心业务承载架构全面向云化转移，以云资源平台（集群主机、存储、网络结构的虚拟化运用及技术保障）为核心载体，降低维护复杂度及成本，保证高可用性，同时集高可扩充性、高性能计算、海量信息挖掘和处理服务能力于一体，向交通业务应用统筹分配虚拟化存储、计算、网络资源，为大规模数据的归集、存储、处理与计算提供基础设施服务。不断配合企业要求完善数据共享交互机制，促进大数据平台的数据治理效能提升。针对现有大数据平台数据采集及处理不顺畅的现状，持续优化各系统数据共享传输设施，深化发挥数据治理效能，推动数据分级、分权限共享机制，实现数据通道高效上传及下发，促进有序共享。

从企业信息化运维工作的角度考虑，运维团队应该从安全管理、安全组织、安全技术、安全运行四个方面开展整体规划、建设，对互联网、云计算、大数据等新技术的安全风险及应对策略进行分析，建立一套完善的企业级信息安全保障体系。在安全管理上形成涵盖基础设施、应用安全、数据安全、开发安全、运维安全、风险处置和应急管理的全方位信息安全管理制度体系，紧紧抓住事前评估、事中监控、事后响应与恢复等核心管理环节，形成快速反应的应急响应和处置机制；坚持“数据安全为核心，业务安全为关键，基础设施保障为基本”的思路，建立多维信息安全模型，强化边界安全、传输安全、应用安全、系统安全和数据安全建设，逐步丰富流量分析、堡垒机、数据库审计等多种类型的工具手段建设。扩大建设公钥基础设施（PKI/CA）认证体系，实施生产与测试、办公等环境的隔离建设，快速建立“同城灾备”的应用级灾备体系。

（三）智能云脑赋能经营分析能力

智慧交通云脑平台的搭建有利于切实解决交通运输行业痛点问题，例如如何帮助企业分析线路、分析客流、合理排班、节约线网规划成本等。基于大数据的智慧交通云脑体系包括采集层、处理层、应用层以及用户层，通过设置作为子层级的运营分析模块、线网规划模块以及客流分析模块，可对各线路出行工具的运营指标进行实时分析、制订线网优化方案，并通过多个客流分析模式进行客流分析。因此，通过设置基于大数据的智慧交通云脑体系四个层级及大数据云平台应用，可实现运营调度、客流分析以及线网规划等功能，进而实现用户层对运营调度、客流分析以及线网规划等数据的快速展示和实时监控，智能化程度高，信息展示的实时性和准确度较佳。智慧交通云脑围绕交通运输行业监管和企业生产运营管理等领域，依托大数据、云计算、人工智能等新兴技术，建立功能强大、管理有效的智慧交通云脑平台，核心是利用实时全量的城市交通数据资源，结合人、车、站、线、路等资源情况，全面解构出行客流需求与供给承载能力，构建诊断评价指标体系，从而实现新一代智能交通的可感知、可运营、可管理，面向公众提供可计算的出行网络和可信赖的出行服务，提升交通出行品质和竞争力，引领城市交通生态系统向前发展。

第十二章 巩固数字化转型治理体系

持续巩固数字化转型治理体系(图 12-1),筑牢数字化转型基础。实现组织敏捷化,建立首席数据官责任制,整合信息化资源成立产业集团;实现人才复合化,构建数字化人才能力画像,全面盘点和吸引留存数字化人才;实现机制长效化,建立资源对数字化转型的保障机制。

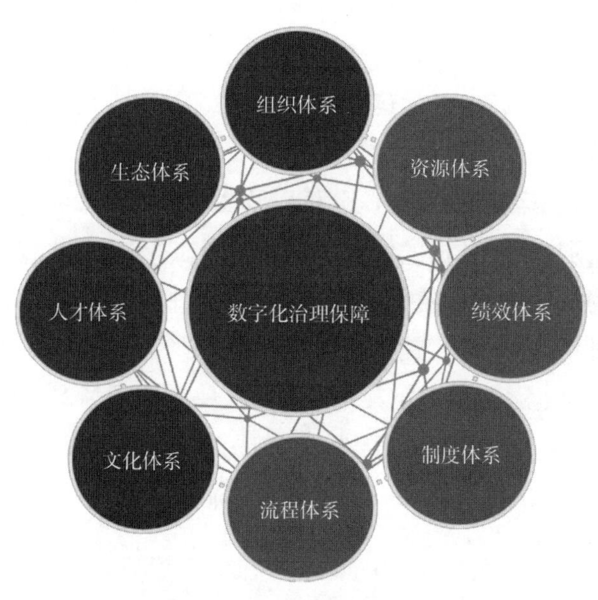

图 12-1 巩固数字化转型治理体系

第一节 健全数字化组织保障体系

一、转型思路

以敏捷组织推动交通运输行业数字化转型的有效实施。建立企业首席数据官组织机制、数据全生命周期管理机制和首席数据官监督考核机制。整合信息化资源,分步推动智能交通产业的发展。首先实现管理和服务的先融合后分离,服务于企业数字化和信息化建设,带动智慧交通板块业务发展;其次可根据实际情况成立智慧交通产业集团,实现企业数字化经验和产品的对外拓展,数字产业化创造业务价值。

二、实施路径

(一)首席数据官责任制

建立企业首席数据官责任制,加强数据资源管理的领导力、决策力和执行力,带动企业和直属单位各部门协同推进数据要素有序流通,以数据共享开放推动数据资源开发利用,加快促进企业数字化转型,释放数据要素红利,助力企业管理和业务的数字化转型发展。

1.建立企业首席数据官组织机制

企业总部设立首席数据官一名,原则上由分管数字化转型工作的企业领导兼任;首席数据官在市级首席数据官的统筹下,推动企业数据资源规划、采集、处理、共享开放和开发利用等工作。

2.建立数据全生命周期管理机制

通过首席数据官组织体系,加强对企业数据资源全生命周期管理的整体规划和统筹协调,完善数据资源管理规章制度,建立企业数据清单;推进数据资源全生命周期协同管理,统筹开展数据资源普查、采集汇聚、质量管控、共享开放、流通融合、开发利用、安全保障、绩效评估等工作,以业务协同为重点,以应用需求为牵引,围绕交通运输行业特点,逐步推动数据标准化管理、规范化应用;加强数据质量管控,保证数据的真实性、准确性、完整性、时效性和可用性,充分发挥数据要素在企业转型发展过程中的驱动作用。

3.建立首席数据官监督考核机制

根据市级数据资源管理考核评估办法,企业首席数据官按照统一考核评估指标,定期开展企业数据资源管理考核评估工作,纳入相关绩效考核指标。

(二)整合信息化资源

(1)第一阶段:管理和服务融合实施路径。可考虑成立大数据事业部。在企业数字化转型前期,由于数据信息分散在各业务单位,其数字化和信息化能力不足,需要统一在集团层面整合信息化资源。例如成立大数据事业部,承担企业数字化和信息化项目的规划、执行、评价,通过“多快好省”方式完成数字化基础平台搭建,并构建基础组织能力,实现管理和服务融合;以大数据事业部为主体,在企业管理层面实施信息化相关人员和资源的整合,集中做好交通运输企业数字化转型工作。

(2)第二阶段:管理和服务分离实施路径。成立信息技术服务共享中心。在逐步积累数字化转型服务能力后,由大数据事业部单独成立信息技术服务共享中心,成立包括客户中心、运维中心、基础设施中心、安全中心、综合管控中心、监控中心、技术支持服务中心等在内的信息技术共享中心服务条线,实现管理和服务分离;根据信息技术服务共享的功能定位,统一制订信息技术服务共享规划,统一制定共享服务体系架构,统一信息化标准和服务标准,统一设计和建设共享服务信息化平台,统一管理共享服务中心运营和开展绩效考核。从提高信息化资源利用率、降低总运营成本、提升经营管理水平出发,充分利用信息化手段为企业及直属单位提供全方位、一体化的信息技术管家式服务。同时,按照“管理和服务分离”的原则,根据事业部发展需要建立人事、财务以及党工团群等内设管理部门,深化事业部本部层面的管控决策体系,强化对科技板块企业的管理,实施对企业科技信息化和数据管理等方面的全面管控。

(三)对外拓展信息化服务

为了实现信息化服务的对外拓展,在数字化转型后期可考虑组建智慧交通产业集团。在交通运输企业已经具备了数字化基础设施并充分积累了数字化经验后,需要以数字产业化为原则成立智慧交通产业集团,形成互联网科技企业级的技术能力和产品服务体系,面向行业客户提供云计算、交通运输行业 SaaS 平台、数据管理等产品和服务,培育智慧交通业务增长点,为企业数字产业化发展奠定基础;对内支撑与服务企业全面数字化运行,以更加商业化、市场化的机制和方式为各业务单位提供更好的产品、服务、解决方案和体验;对外以产品化的方式沉淀在交通运输行业数字化转型的成功经验,通过数字化产品和服务的方式赋能社会和产业生态,实现管理和经营的分离。

(四)优化业务组织架构

根据企业数字化转型对业务模式及管理模式的变革要求,适时优化与企业数字化转型阶段相匹配的组织架构。前期围绕以用户为中心的服务数字化转型,探索在企业总部层面成立客户服务部门,负责建立用户体系、维护客户关系、做好用户运营、开展用户营销等工作,为企业吸引、留存、转化用户流量及客户资源,并由支付清分结算公司运营企业的统一支付平台、搭建支付结算体系;中期探索在交通运输企业大数据事业部成立单独的数据运营中心,负责企业线上业务平台的运营管理,为各单位线下业务提供线上平台的赋能支撑,考虑成立单独的营销公司或由广告公司承接企业用户营销功能,建立营销生态,实现对用户的精准营销;远期探索成立共享服务中心等与业务和管理模式相匹配的组织形式,以组织变革保障数字化转型有抓手、能落地。

第二节 完善数字化人才保障体系

一、转型思路

根据业务需要提出数字化人才的能力模型，同时对企业目前已有数字化人才情况进行盘点，提出吸引人才和留住人才的激励方式，并不断培养具有业务与数据复合优势的人才，从而为企业的数字化转型提供人力支撑。

二、实施路径

（一）构建数字化能力模型

以不同岗位的业务发展目标和团队定位为基础，搭建业务和技术复合型的数字化人才能力模型，从知识储备、技能要求、性格特征、过往经历等多维度出发，构建全面、立体、详细的数字化人才画像，更好地帮助企业了解人才特点，从而对外可以实现高效吸引与招聘，对内可以实现高效管理与培养。

（二）数字化人才全面盘点

实施数字化人才盘点计划。对数字化人才进行多级分类，包括数字化管理人才、数字化专业人才、数字化应用人才；基于数字化转型任务，明确交通运输企业及下属单位当前与理想状态下的人才分布情况；通过对比数字化转型战略对人才的实际需求，快速识别数字化人才的能力缺口、岗位缺口，制订针对性的业务和技术复合型数字化人才补足计划，对内部人才培养和外部人才引进进行合理设计，从而补足数字化人才缺口。

（三）数字化人才吸引留存

1.拓展数字化人才引进渠道

重新思考企业在数字化时代的雇主品牌特点，对外积极宣传数字化转型战略，改变数字化人才对传统交通运输企业的固有印象，塑造新的品牌吸引力；通过举办行业论坛和技术大赛、与高校进行研发合作、建立实习基地等长期且深入的协同挖潜的人才引进机制，与目标人才精准接触，打破数字化人才对传统交通运输企业的固有印象，维持对数字化人才的高吸引力，最终实现人才转化。

2.提升传统人才数字化能力

围绕企业转型升级导致的传统岗位员工转型需求,为员工提供系统性的培训和丰富的学习资源,促进跨业务、跨部门、跨团队的知识分享;鼓励和倡导主动学习文化,激励员工自主选择学习方式和课程,通过高自驱的方式向数字化人才快速转变。

3.实施数字化人才激励措施

在不打破薪资均衡的前提下,有效识别出企业数字化关键人才与岗位,为相关员工提供具有竞争力的薪酬与福利待遇;通过长期股权激励等灵活的员工激励方式,使企业与数字化人才共享转型价值,实现企业和人才的协同发展,实现数字化人才在企业的长期留存和能力沉淀。

第三节　优化数字化资源保障体系

一、转型思路

推进企业数据、技术、业务等方面的全面资源整合,筑牢数字化转型基础、提升数字化转型效率、实现数字化转型价值。同时,加强数字化转型专项资金的投入力度,保障长周期、系统性的数字化项目建设能够有充足的资金来源,取得合理的投资回报。

二、实施路径

(一)推进企业数据资源整合,筑牢数字化转型基础

以数据中台建设为重要契机,为底层数据获取、清洗和共享提供技术基础;全面整合、归集、打通企业总部和直属单位的底层数据,统一数据输出口径并沉淀到数据中台上,做到企业全量数据的透明化,为企业筑牢数据基础,提高报告层数据的真实性和准确性,为业务和管理决策进行赋能,创造数据价值。

(二)推进企业技术资源整合,提升数字化转型效率

以资源整合为契机,通过企业机构改革,成立数字化转型相关事业部或部门,加快整合企业及直属单位的软硬件、人员、运维等方面的信息化资源,通过“统一管控+共享服务”的方式,保证在企业数字化转型初期能够充分调动各方面的信息化资源力量,为企业和各单位的数字化项目规划和建设提供高标准共享服务,多快好省拉动企业数字化转型驶向快车道。

(三)推进企业业务资源整合,实现数字化转型价值

针对公交、出租车、汽车后市场服务等数字化转型能够快速释放价值并取得显著成果的业务领域,企业牵头加快各单位资源统筹和整合力度;以资源整合为契机,加快打造规模化、一体化的公交出行服务平台、汽车后市场服务平台等数字化业务平台,在平台业务模式的创新引领下,发挥业务规模效应,提升业务效能。

(四)加强专项资金投入力度,保障数字化项目建设

建立专项资金管理机制。基于数字化转型前期成本投入大、有效回报周期长的特点,建立数字化转型专项资金管理机制,确保数字化转型在基础设施、数字化平台、数据采集、业务创新等方面的有序投入,保障资金使用效率和专款专用;在科技创新方面持续加大研发投入,实现新技术研发和应用与企业数字化转型的协同共生,积极争取科技创新政策补贴和税收优惠,为数字化、智能化转型拓宽资金来源渠道。

对于城市交通来说，数字化转型的核心要素是乘客、货物和资源。从乘客角度来讲，交通运输行业数字化转型主要是为乘客提供个性化、差异化、便捷化的出行服务；从货物角度来讲，交通运输行业主要是提高提高货物流转的效率、降低企业成本；从资源角度来讲，数字化转型主要是合理地调配交通运输相关的各类生产要素，包含人、货、路、车、场、站等，实现生产要素的优化配置。各类交通运输生产要素的数字化，是生产要素优化配置的基础，在数字化基础上利用系统对生产要素优化组合是交通运输数字化转型的核心目标。

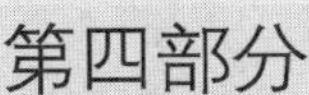

第四部分

交通运输行业
数字化转型典型场景

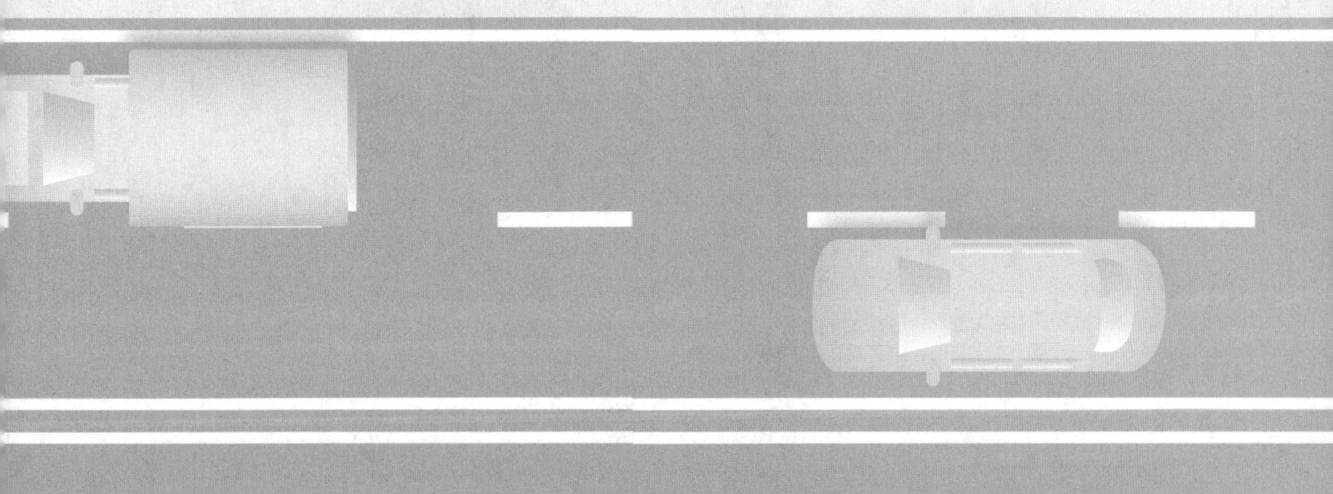

第十三章 | 出行一体化场景

出行一体化场景的核心建设目标是通过中台技术实现跨单位的信息搜集、业务撮合和流程再造,从而把各类出行服务打造成一个"功能融合""运营融合""数据融合"的一体化体系,为公众提供标准统一、有广度、有深度的出行服务。出行一体化服务架构如图 13-1 所示,包含基础层、技术层、中台层、网关和服务层。

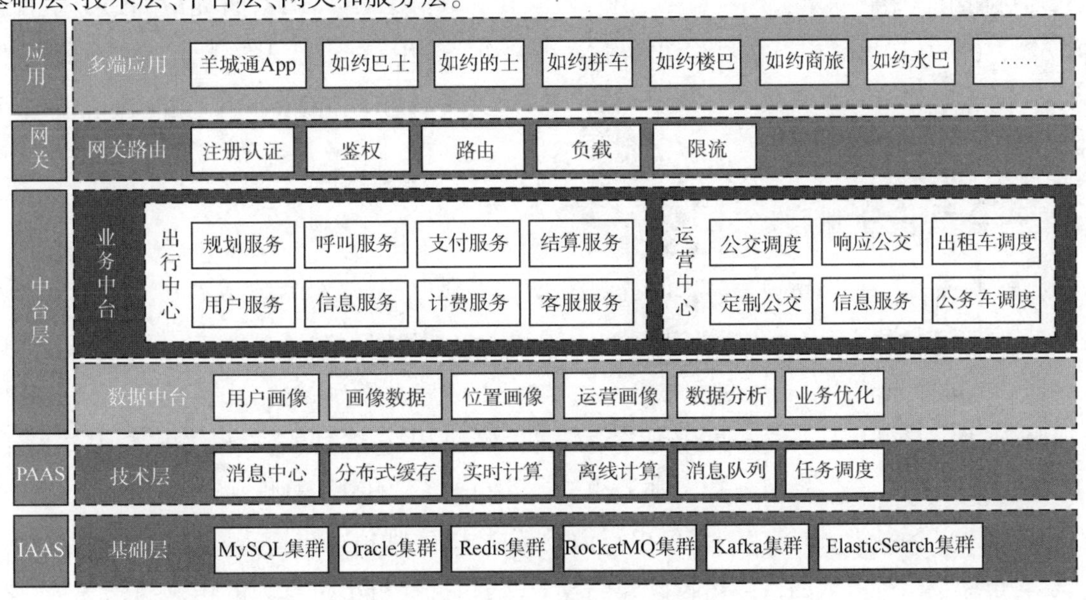

图 13-1　出行一体化服务架构图

第一节　出行中台:统一标准、统一规范

立足数字化转型要求,统筹各类出行业态的资源、运力、运营模式,统筹建设一体化平台的中台服务,实现包含用户、出行规划、信息服务、支付、计费、投诉等核心环节的中台能力,从而实现为所有的出行板块提供一体的、统一的、标准化的方案。

一、用户集中认证

交通运输企业掌握权威、准确的用户身份认证信息以及企业机构数据信息,数据管理及调用必须严格按照国家及地方有关法律法规统一规划建设,各场景对公民信息的调用必须按照网络信息安全等级保护的要求部署防护措施。

通过建设统一的“用户中台”，实现旗下各 App 在用户层面的统一和数据流的统一，其中特别重要的是，在交通运输企业内部，用户数据并非以采集的方式从下向上获取，需要在管理上改造各子平台的用户技术，采用集中认证的方式，将认证权放在交通运输企业的统一中心，用户数据由上而下获取。对于第三方平台用户，通过统一认证中心实现相互绑定，从而实现第三方平台也可以无缝认证完成。

二、出行无缝衔接

目前大多数交通运输企业层面尚未建成完善的一体化出行服务体系，其应包含出行规划、出行辅助、出行服务、支付清分、投诉建议等。同时，公交、轮渡、公务车、出租车、地铁等城市交通运输服务之间尚未实现功能融合、运营融合和数据融合。因此，首先应当通过中台技术实现多个板块的出行用户整合和功能融合，各自分工，相互配合。为保障出行无缝衔接，提供标准的线上体验，需要对各出行业态的用户能力场景进行统一的规划和约束，全部采用通用性的中台组件来实现。

三、会员积分制度

建立用户中心，用户可以通过一卡通线上平台、支付宝，微信、手机号等多种方式进行登录。登录后，系统统一为其分配唯一的独立用户 ID，并督促用户完成实名身份认证。同时，还需要建立地址簿、卡券中心、通知中心等入口，实行账户积分激励策略，账户会员可享有完成出行服务的积分激励，依据一次出行服务的时长、里程、出行工具、金额给予账户积分累计。平台账户会员分享服务、邀请新会员加入也会有积分激励，积分可换购平台服务和商品。打造一种全方式、高精度、市场化的绿色出行激励新模式，实现覆盖公交、地铁、出租车、定制公交、客轮全绿色出行方式的低碳出行碳普惠模式，为市民绿色出行行为的识别与聚集提供技术支撑，为精细化碳减排量核算提供环境，使个人绿色出行碳减排和参与碳交易成为可能；建立绿色出行社会效益和公众意愿的有效传导机制。

四、出行一键呼叫

首先，需要按照用户的出行成本（花费成本、时间成本、距离成本、换乘成本）进行综合排序，推荐最少 1 个，最多 5 个的出行方案。其次，需要考虑旅游特色和快线的速度优势进行差异化推送。最后，立足定制公交、响应式公交的特色，打造这两种业务从预约式向实时响应式转变的窗口。

五、信息全程覆盖

“全过程”是以用户确认了出行方案作为起点，下车支付完成作为终点。这一过程中所有基于用户的位置、需求所衍生的信息服务称为“全过程”信息服务能力。它至少包含了前往车站的步行导航信息，下车前往目的地的步行导航信息，车辆的班次信息、定位信息、座位信息、预计到站时间信息，驾驶员健康状态信息，票价计费信息，乘车优惠信息，联合出行优惠信息。同时可根据用户的个人偏好向用户推送交通、气象、时政等信息，这些建立在大数据基础上的个性化推荐可以更好地服务于用户，促进平台发展，提高用户黏性。

六、车资一键支付

首先，出行用户在支付的时候不用分多个平台支付，只需要在一个平台完成支付；其次，由于采用统一的支付平台，最终的用户轨迹数据也会流入交通运输企业。一卡通（支付码）作为公共交通支付互联互通系统的基础和核心媒介，为公众提供了一卡通卡/码的发行充值、消费、客服和电子结算服务，是公众最重要的交通出行支付工具。一体化出行服务平台应该以一卡通（支付码）的支付体系为基础，通过统一的支付手段，发挥相关技术资源优势，实现资金成本效益最大化。

七、多种计费方式

一体化出行平台的付费模式需要相当灵活，短期内用户可以按月或年提前预存费用，也可实时支付；中期还需要支持分段付费、换乘优惠、联程支付等多种支付方式；长远上考虑还需要对“出行+一码通”的方式进行支持，需要支持出行免费、消费付费、成本均摊的方式进行后端计费和套餐式计费。

八、意见统一反馈

用户与平台在出行服务结束后将进行互相评价，为用户及运输企业建立信用评价体系。出行者支付完成后，实现费用在各出行服务商中的清分结算和自动支付。需要建设“统一”的面向用户的出行消费与投诉反馈窗口，建设一个窗口、多个办事处的信息化体系和流程架构。用户通过将投诉和建议反馈给统一的窗口，该窗口收到信息后，通过考核的要求和信息化的流程转发给不同的办事处，各办事处通过书面的方式进行回复，并将流程流转到统一的窗口，最终通过窗口将投诉建议的答复反馈给用户行程闭环。建立企业统一的面向用户的投诉窗口和统一的服务标准，最终实现数据化的实时基于用户的考核和管理机制，加速面向用户的转型目标达成。

九、费用统一清分

清分结算平台将接入各大银行的支付接口以及支付宝、微信等第三方支付平台。支持用户现收现付以及在账户内充值购买出行套餐两种支付方式。如果用户购买了出行套餐，并且出行计划包括在他们的套餐中,那么在使用时他们不必支付任何费用。如果用户没有购买预付费出行套餐,或者费用超出他们的出行套餐,根据服务类型,通过使用现收现付服务,每次使用时将支付相应金额。出行者支付后,完成清分结算。

第二节　运营平台:面向用户、提升改善

通过线上一体化出行平台累计的用户数据、出行链数据、出行需求数据和位置数据,可帮助运输企业快速改善服务品质,从而使线下业务能够通过资源整合,将乘客转化为用户,实现用户的精准识别,通过对各场景的用户关联,精准获取用户需求,并提供对应服务。

一、实时推送:更优方案、更好体验

现代化的出行平台一定不能是工具类的线上软件平台,例如每日乘坐公交车会熟悉线路,这样会降低对线上出行平台的依赖性。因此,线上平台需要具备主动性,自发地、实时地利用数据分析技术为用户解决个性化的问题。例如,乘客可能采用公交出行,当尚未上车的时候,出行平台要利用数据分析技术,分析同时出行的人群、出发地、目的地,自动为乘客完成定制公交的拼车,由于定制公交有着直达、快速等优势,可以将出行方式及时推送给正在出行的乘客,带来更好的服务体验。

二、二次出行:降低成本、提升体验

针对老用户频繁的二次出行体验进行改善尤为重要,因此对于用户的二次出行需要额外进行关注。利用用户组群化技术,通过对不同出行需求的用户进行分群,然后在出行成本、出行舒适度、出行体验上进行升级。例如乘客采用常规的出行方式换乘一次需要 5 元,计算机通过后台的数据分析具备同类特征的客户后,可以将这一部分群体整合,通过自动拼车的方式完成定制公交的业务开通,可能 3 元就可以保障乘客的出行,使得出行成本降低,出行直达体验提升。

三、定制公交:预订呼叫、减少退票

定制公交的退票率和用户预订的方式通过实践已被证明是被动的,工具式的线上服务是不能够满足用户出行需求的,定制公交的业务能力需要一个与之匹配的运营和服务窗口才能发挥应有的效果。一体化出行场景中,定制公交是以现有线网的补充者角色出现的,它需要在一定小范围内弥补现有公交线网的不足。因此,用户预订模式必须做出大的转型,转型的核心点包含如下几个方面:首先,把定制公交业务从预订模式转变为“呼叫+预订”的模式,通过技术中台实时数据分析的能力,将同一时间呼叫和预订的用户自动拼团,实现定制公交的

高可用率和低退票率。其次，建设面向二次出行数据分析体系，通过定制公交降低出行成本、出行时间，改善出行体验，并将相应的信息通知到用户。

四、响应公交：降本增效、按需建设

运输企业应当通过开通需求响应式公交来弥补传统公交的不足。需求响应式公交是一种新型的公交运营模式，以满足乘客需求为导向，为乘客提供量身定制的交通服务，乘客参与决定起点、终点、方向和时间。它是介于传统公交与出租车之间的公交服务，其显著特点是公共汽车的运营没有固定的时间、路线和停靠站，其运营时间、路径由响应需求的出行调度中心根据乘客的需要来决定，可以为乘客提供门到门的出行服务。同时需要建设基于小程序和互联网的响应式公交呼叫能力平台，该平台除了具备呼叫响应式公交的能力以外，还需要能够与互联网平台、企业内网平台进行融合。这对企业的组织架构柔性化管理和薪酬管理都提出了挑战，要应对挑战，数字化转型是企业突围制胜的必经之路。

五、信息服务：全面覆盖、差异定制

一体化出行的信息服务首先需要做到的是一体化覆盖，最基本的例如人车定位、班次信息、时间预测、拥堵播报、实时公交、健康状态、出行时间提醒、下车提醒等能力，要覆盖"公交、出租车、公务车、包车、长途运输"等所有板块。其次是要做出差异化的定制，针对特殊人群，例如旅行者、学生、购物者、公益人士、关爱老人等人群，信息服务要有差异化特征。例如学生上下学群体通常对于安全和监控都非常关注，因此在针对这一群体的线上服务中，可以通过微信小程序等工具，将学生已上车、车辆位置、班次、车辆编号等信息实时同步给家长，力求在出行的细分领域上打造出差异化产品。

六、专快一体：客户互补、时空互补

针对大面积企业用户的出行需求，进一步扩充公务车的服务地区范围和时间范围，全面覆盖公务出行、差旅出行、加班出行等非通勤时间的出行需求，从而形成面向企业用户的"专车+快车"的高低配置。满足面向企业的一体化出行服务中针对中高端用户的个性化出行需求，填补了相应的市场空白。

七、数字包车：自动发班、按需付费

以打造包车业务差异为第一目标，从车型、路线规划、信息服务、计费等角度入手，将包车业务从一个传统的驾驶员+车辆外包转化为一个全体系的包车出行服务产品。首先将用车服务拆分成用车前、用车中、用车后三个阶段。一般企业分管包车的部门都是一些行政部门，缺乏最基本的运输需求搜集、管控以及线路规划和成本规制能力，因此在实际包车数量、车辆集散地、班次设计上并不是很专业。首先在用车前，通过包车乘车小程序自动搜集主要出行目的地，利用数据制定更为精确的车辆数量、路线、集散地提供服务。其次，乘车过程中提供包车的定位信息服务、班次信息服务、预计到达时间服务，填补这一环节的业务空白。最后，依据车辆的满载率，自动优化企业的用车规模和用户成本，帮助企业进一步节约成本，将用车从一项固定支出转变为按需支出。

第十四章 | 车生活服务场景

无论是行业发展趋势，还是交通运输企业自身业务发展壮大的需求，都需要将线上资源整合与企业各业务板块正在推进的线下资源整合相呼应，改善出行业务“散”“小”“弱”的现状，促进各企业出行服务抱团融合，同时推进线路商圈化、站点功能多样化、支付体系捆绑化，实现出行线路与附近商圈的有机关联。能够以“人、车、生活”融合为主线，引导出行终端用户和物流终端用户至生活服务场景，连接用户生活体验，响应用户在生活场景下的即时需求，带动用户流量转化和变现。在资源整合的理念下构建车生活服务架构，如图 14-1 所示。

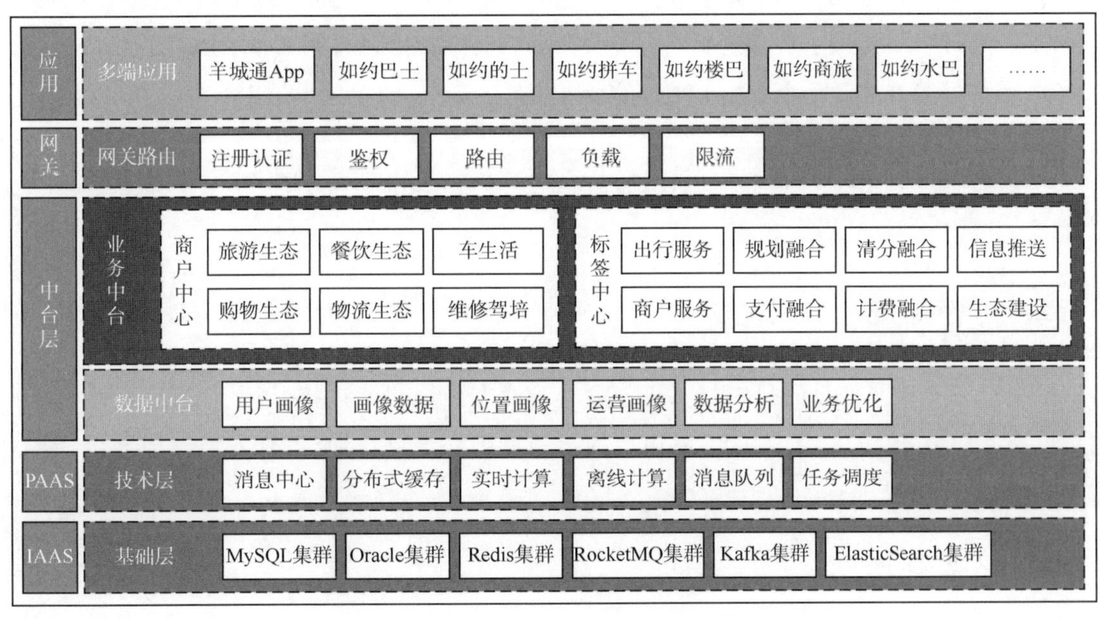

图 14-1　车生活服务架构图

第一节　生态服务：业态深度整合

生态服务业态的整合包含内部整合和外部整合两个环节。

一、内部整合

内部整合是以数据中台的位置数据为基础，建立“充电、维修、救援、公交驿站”的一体化地图，整合的目标是将线下的业务规则通过数据的形式体现在线上，方便进行信息的撮合。同时使服务可以基于位置与用户进行连接。例如：充电桩的位置、空闲状态、预约计划、计费准则等信息通过标准的接口转化订单、接单、反馈、投诉建议等规则。以“充电、维修、救援、公交驿站”等高频业务为抓手，横向撮合服务之间的横向关系，实现“一点”扩展到“一面”，并实现与用户的连接。例如，可以推出“维修+免费充电+免费救援”的套餐业务。

二、外部整合

外部整合以数据中台为媒介，通过统一的品牌（位置、用户、支付、清分、出行、业务）将企业的“出行、充电、维修、救援、驾培、公交驿站”服务共享给社会，共享的关键节点为用户、地图和支付码。例如，可以推出“购买车险（外部）+免费充电+免费救援”，以及“出行折扣+商家付费”的商圈服务。着眼发挥公交上下车站点的功能性优势，例如，将热门业务，类似物流站点、菜鸟驿站、快递柜设置在公交站点、场站等地方集中完成相应业务，实现乘客乘坐公交车目的的多样化。同时，通过数字化技术实现企业线上平台与热门业务的信息打通，可以通过信息推送、一码支付、一码取件等方式激活企业线上平台的活跃用户。最终，改善用户的出行习惯和出行方式。

第二节　商户服务：构建出行福利

一、位置状态

搜集位置和状态信息的目的是基于位置实现业态与用户的连接，以及与其他商户之间的信息撮合。交通运输企业自有的业态可以通过数据中台直接提取，外部业态需要通过数据对接、商户注册或者品牌合作的方式实现。

二、经营分类

经营分类主要目标是基于用户实现业务的横向撮合。

（1）对现有业态进行分类，分类的目的是能够对差异化的业务统一数据模型和服务模型，并将之规范地从线下转入线上，并与企业的其他业态进行互动。

（2）对分类后的业态进行关键业务的抽象和行为标准化，目标是通过统一的接口，将分类后分布在不同公司的服务，通过接口的形式接入统一的服务模型和数据模型中。

（3）基于用户进行跨类别的业务横向撮合，以用户的出行轨迹和支付轨迹构建横向业务分类的基因链，例如“停车+充电”“出行+购物”，“车险+救援+维修”“下车+取件”等。当用户触发基因链中的一项，就通过信息服务的方式将其他业态展示给用户。

三、福利优惠

采集服务优惠信息的主要目标是基于福利优惠的让利实现用户的引流，可透过"电子商城"的方式引导客户。

四、支付结算

支付结算信息用于支撑"公对公"地实现交通运输企业主营业务、各业态与社会生态之间的一体化支付与结算。交通运输企业的主营业务和业态之间可通过中台的支付清分计算平台直接完成。

第三节　规划服务：链接出行规划

基于用户的出行习惯、出行位置、出行周边5～10km的商圈标签数据以及"车生活"业态数据，将出行方案与最终"目的地"建立直接联系。例如，可以基于充电桩的工作状态，智能地为客户安排出行方案和目的地，以及基于维修预订信息，智能地为客户安排出行方案和目的地。

一、位置规划

位置规划能够实现基于业态的位置和状态信息的出行导航，例如，为用户提供"就近充电""就近维修""一键救援""一键分享"等服务。

二、出行排序

依据带有染色标签的用户、线路、站点、充电桩等数据重新对出行方案进行排序，推荐更为合适的出行方案。例如，结合目的地的业务特色打造与之配套的"车生活文化"，如把当地的旅游文化与目的地进行深度结合，将"一车一特色，一船一景点"的车船元素通过图片或标签的方式体现在出行方案中。

三、信息推送

充分发挥线上平台的信息优势，一旦基因链中的一个链条连接上了，立刻通过生态服务的横向拓展能力，将整个业态显示给客户。同时也利用计费服务的纵向拓展能力，引导用户二次消费。以"出行+生活"为例，运营单位可以在生态服务中设置横向撮合出行+生活体系，基于此准则，一旦用户出行，触发基因链钩子，信息推送平台就可以立刻将生活的业态一并推送给用户，并对接相应的"一码通"信息。

四、场景融合

结合出行网络客流集聚特性,通过电子车票营销,搭建出行与生活数字营销系统,实现交通网络与生活网络的场景嵌入、精准融合与相互转化,将沿线商家服务精准匹配到线路用户,打造“免费购物巴”,培养一站式支付+出行+生活消费生态。

第四节　支付服务:对外灵活计费

一、统一支付

升级出行中台中的计费技术和支付技术,不仅仅要实现出行体系内的灵活计费,还需要支持跨体系的灵活计费。重点升级和改造计费能力,需要能够支持大量业务的联合计费。例如通过“购物一码通”进行出行,乘坐公交车时可以先行垫付,当在规定的时间内进行消费后,相应的撤资将会返还到用户的出行账户内,供下次乘车使用。以购物出行一码享折扣的方式实现公共交通票价的动态可调。

二、清分结算

“一码通”的支付完成后,需要有非常强大、明确且严谨的清分和对账体系来实现费用的清分与结算。同时,要考虑到本地生活的复杂性,清分与结算的用户可能是企业、驾驶员、个人和小型商户,需要考虑到清分结算系统未来可以支撑大开发和大量的流水数据存根。

第五节　中台支撑:服务中心集群

一、应用系统建设

在建设过程中,应当向“建设前端、共用后端”的方式转变。前端要轻量化建设、按需要建设。后端应当集中建设,全局共享。针对现有的系统,下层的数据逻辑需要进行修改,符合数据标准和规范,后续的建设和升级上只建设前端应用,后端能力由中台统一提供。

二、业务中台建设

业务中台包含商户中心和标签中心两个业务集群,它是在数据中台的基础之上构建的业务共享体系。其中商户中心主要以离线业务为主体,对数据采集、运算和处理的数量要求非常高,需要借助大数据的离线计算引擎和分布式缓存来实现,并通过标准的数据接口实现能力的对外展示。标签中心主要依据各板块线下业务规则,通过线上的信息撮合,特别是用户实时需求数据的撮合,推动线下业态与中台能力进行整合。

三、PaaS 层建设

PaaS(Platform as a Service 的缩写,平台即服务)层为业务中台的底层逻辑提供开发和运算框架。以实时的分布式缓冲为基础,实时计算引擎为主要支撑,通过统一的消息引擎和消息队列来实时处理和延时处理请求,以及大开发量条件下任务动态调配。

四、IaaS 层建设

IaaS(Infrastructure as a Service 的缩写,基础设施即服务)利用虚拟化技术、负载软件管理软件、硬件、网络和存储服务的形式设计计算资源,使之能按照工作负载或任务需求自动伸展或收缩,实现动态缩放。

第十五章 | 数据中台场景

在交通运输企业大数据共享与管理平台的基础上，完善数据标准和规范，搭建数据底座和数据中台，数据中台架构如图 15-1 所示，为数字化转型提供数据支持。一方面是实现跨部门、跨单位的资源总体盘点，为转型打好基础；另一方面是经营管理类的数据整合，对经营动作的合理性进行判定和持续跟踪，以此作为数据化决策的依据。

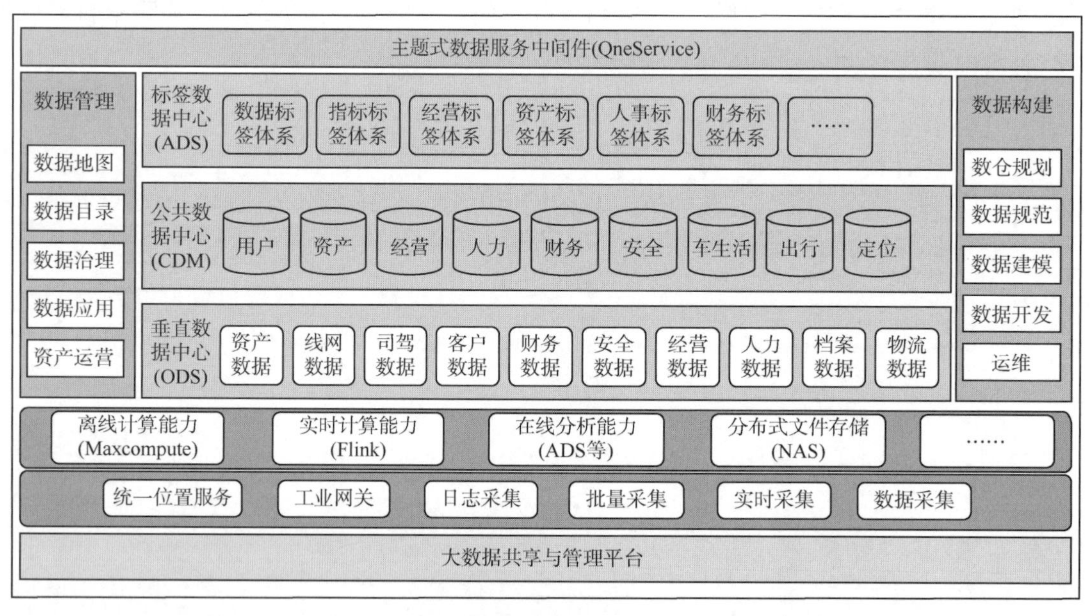

图 15-1 数据中台架构图

第一节 数据统一汇聚，建设中台基础

一、线路站点：统一建档、定期比对、共同维护

制定统一的线路、站点数据标准规范。做到“一线一档，一站一档”，统一采集和归档名称、定位、关系、设施、状态，以及线路的车辆配置、人员配置等信息。同时建立自动采集和数据比对机制，比对线路站点数据与实际运营数据的差异，及时报警。最后，建立统一监管、分级维护的自动化运维机制和管理机制，确保数据的高度有效性。

二、车辆渡轮：统一建档、关联业务、自动更新

针对车辆、渡轮等制定统一数据标准规范。做到“一车一档，一船一档”。对交通运输企业旗下所有的车辆按照营运类型、能源类型、车辆类型、使用年限、所属企业进行分类，同时建立自动采集和自动升级机制，包含各车辆的状态数据，采购、调拨、报废、维修记录，设备告警，设备使用率等信息，可以自动对车辆的档案进行全生命周期管理和更新。

三、电桩电站：统一建档、关联设施、统计分析

针对充电桩、充电站、加油站、加氢站等制定统一数据标准规范。做到“一桩一档，一站一档”。对位置、设备、人员、面积进行统一的采集和归档，同时对充电（加油）的监控数据、充电（加油）记录、充电时间等数据进行统一关联，并进行数据分析。

四、场站物业：统一建档、关联用途、统一展现

针对企业旗下的各类型场站、物业制定统一数据标准规范。对企业旗下公交场站、物业的位置、用途、信息化设备、监控设备、人员、站内面积、仓储面积、租期、合约、用途进行统一的采集和归档，同时通过地图的方式进行统一的展现。

五、维修救援：统一标绘、关联业务、统一展现

针对企业旗下的各类型维修点、救援点制定统一数据标准规范。对企业旗下维修救援点的位置、预约信息、维修作业信息、坑道等数据进行统一的采集，并通过地图的方式进行统一的展现。

六、交易数据：时空关联、统一分析、统一展现

针对运营中的公交刷卡数据、出租车支付数据、出租车开关牌数据、公务车叫车数据、一卡通刷卡数据等动态支付数据制定统一的数据标准，分别通过数据采集的方式进行搜集和治理，通过时空分析掌握交易发生的时间和位置关系，并通过热力图的方式在地图上进行统一的展现。

七、定位数据：实时接入、统一汇聚、统一展现

针对运营过程中的公交车辆定位数据、出租车定位数据、客车定位数据、物流车定位数据等各类运输车辆定位数据进行统一的汇聚和展现，同时可以用于支撑跨体系，跨单位的信息服务。例如，开展包车公交的联程业务，在整个过程中，可以将包车和公交的定位数据跨运营单位地共享给用户。

八、安全数据:统一建档、人车关联、全局共享

针对运营过程中发生的安全事故、违法违章、违规操作、CAN 总线等安全数据制定统一规范,建设“一人一档,一司一档,一车一档”的模型,要做到安全隐患全局透明,拒绝有违规履历的驾驶员换公司带风险上岗。

九、调度数据:标准分析、统一出处、统一口径

对公交车辆日常调度的数据进行规范化归档和标准化建设,包含公交 IC 卡数据、车辆定位数据、行车路单数据、公交钱箱数据、行车计划数据、能源数据、客流计数器数据、安全事故类数据和清分结算类数据。

十、收入成本:标准分析、统一出处、统一口径

制定统一的收入成本数据核算标准,从而将这些数据用于计算各线路、公司的运营成本和运营收入,使得收入成本数据的核算具有可比性。

第二节　数据保障机制,确保准确有效

一、报站数据与站点点位数据交叉比对

由于公交站点的数据偶有变化,数据更新容易疏忽,因此在维护机制上容易产生疏漏、不及时等问题,从而日积月累引起数据失真。针对这类型相对变化不多的数据一定要建设冷热数据交叉验证机制,依据公交车辆的移动定位数据、报站数据,对公交站点数据的有效性和准确性进行自动发现和评估,并通过系统发布检查工单的方式对数据进行矫正。

二、定位数据与线路走向数据交叉比对

与公交站点数据相似,线路数据由于受行业监管力度较大、调整难度较高,因此数据动态变化的频率相对不高,在数据维护的及时性和准确性等方面将或多或少产生疏忽和纰漏,使得线路数据存在失真和过时情况,影响线路数据与其他数据之间的映射关系。针对这种情况,可引入公交车辆的移动定位数据和报站数据,在冷热数据交叉验证机制下,对线路数据的有效性和准确性进行校验评估和自动校正。

三、车辆生命周期数据的自动更新机制

车船从采购、运营、维修等过程中会产生大量的动态数据,这些动态数据可用于判断和生

成车辆全生命周期档案，例如车辆的里程数据、维修记录，车辆的车龄、事故等信息，依据公交车辆的移动定位数据、报站数据、维修数据、行程数据、安全数据对一车一档的数据进行自动核对和维护，包含维护车辆的车龄、节能减排数据、能源水平、维修档案、油补里程等，同时构建二级维护与顶层数据之间的一致性。

四、建立数据报警与维护检修考核平台

建立数据中台长久维护的机制，通过有痕迹的工单来记录和完成流程的流转。通过对工单进行持续的分析（包含完成度分析、效率分析）来督促和考核下级单位的配合情况，从而逐步将数据模式从分散模式向集中模式转变。

五、动态数据与低活跃数据的反向矫正

公交线路会根据经营策略和出行需求经常性地变更，为了更快速地适应数据化运维的需要，在业务中台中，需要构建可以通过车辆行动定位数据、方向数据、报站器数据自动判定和绘制公交线路的能力，该能力除了可以将公交车辆实际行驶的线路与线网的数据进行比对、报警，还可以自动地将公交线路的行驶轨迹生成公交线路数据。该算法将大大简化公交线路数据的日常维护工作和维护门槛。

六、建立数据监控与工单流转考核机制

需要具备 7×24h 机器自动监控的能力，主要监控各数据接口的正常工作。确保一旦异常发生后可以在 10min 内快速发现并作出响应。并通过工单或者企业 OA 的形式进行派发，并进行数据留痕。后续可以依据故障发生次数、发生时间、影响时间、修复时间对下属单位进行考核。

第三节　数据分析体系，辅助经营决策

一、线网指标、全局生成

以国家标准为准绳，通过数字化的手段对当前线网的指标进行计算，包含公路网长度、线网长度、线网密度、线网重复系数、线网覆盖率和线网可达性等，从而为线网规划提供数据支持。

二、运营态势、统一归口

以国家标准为准绳，通过数字化的手段对当前公交的营运指标进行计算，包含线路客流量、营运里程、营运成本、营运收入、首末班完成率、延误率、班次完成率、驾驶员平均工作时长、驾驶员休息时长、千公里事故率、周转量、平均运距和满载率等，实时掌握公交运营状况。

三、运营趋势、全局分析

对于重点指标进行相应的趋势分析，研究数值的变化，从而洞察行业的运营状态和发展趋势。主要根据客运完成量、职住需求、占有率、分担量、乘客候车时长、平均运距、换乘次数、用户增长率、用户流失率等进行趋势的变化分析，从中找出规律。

四、降本增效、专题解读

从降本增效的角度对全量数据进行分析，首先是从人力资源的角度入手，分析相应的信息化体系是否节约了相应的人力成本，降低了从业人数，直接减少了企业负担，或者通过共享平台分担了用人成本。其次从能源消耗的角度入手，分析营运中对于能源的使用情况，包含充电计划、回厂计划、空驶里程等情况。最后从运营效率角度入手，结合客流、物流情况，分析各线路无效投入和低效投入的占比。

五、市场规律、发展研判

通过分析互联网职住数据、移动信令数据、一体化平台支付数据找出市场机会。例如可以通过移动信令分析出行需求旺盛但是公交分担率较低的地区和时间，这些情况下通常是一些"黑车""摩的"来提供运力，针对这类型的问题可以通过调整公交线网的布局和开行计划来进行解决。同时，还可以通过数据分析来判定一些"公轨接驳""门到门"的问题，使公交线网与轨道、枢纽能够更好地融合。

六、用户需求、全局分析

以企业负责的区域为单位，对企业各运营单位的客运完成量、用户增长量、活跃用户量、市场占有率、投诉建议等指标的态势和趋势进行分析，从而掌控相应区域的用户需求满足度，进一步分析和决策业务开展上的问题和下一步工作重点。

七、业务聚焦、信息组团

针对数据中台中的海量数据，需要按照一定的业务规则目标进行数据的筛选、组合和排列，来完成海量信息的布局排版，形成若干个指向性明确的专题，使数据的可读性更强，更好地赋能管理决策。在整体数据的层面，将采集到的内容资源，包含静态资产、动态运营、交易、移动感知、安全和各类型分析决策信息，根据业务和汇报的需要，按照预定的规则，调用一系列功能进行重新分类、组合、过滤、筛选，最终为企业数字化决策服务，还可将整合信息集中显示在大屏幕中供领导查看。

第四节 数据融合业务,赋能业务发展

一、偏远通勤、线网分析

本项分析的目标是用于评估特定区域线网与乘客出行习惯的匹配性。例如以偏远的大型企业园区为项目目标。首先需要分析企业园区的规模,以及距离大型轨道交通站点的距离,如果距离在2~5km之间最适合开展本场景的业务。其次,需要分析穿梭线网在早晚高峰的拥堵情况,如果交通比较拥堵,那么摆渡的效果会打折扣,用户可能会选择步行或者骑行来完成最后一段。最后,需要分析企业园区的数量和分布,需要依据客流的主体运距分布来估计穿梭线路的预计客流量,同时构建公交、定制公交、响应式公交线网和调度的持续运营机制。以通勤、加班用户为主要群体,接驳、摆渡为核心目标,对站点的布设、线路的布设、开行计划的编制进行以天为单位的实时动态调整,实现公交线网、调度计划的动态调整。以用户为中心,从数据中台中实时获取用户出行需求数据,针对用户叫车的频率、时间、位置动态调整定制公交发车计划和路线,使 MaaS 能力不断贴合用户需求。

二、助学专线、线网布局

首先以一卡通卡的现有学生用户群体为基础,通过分析出行记录和消费记录,提取消费时间、消费位置,结合附近的学校、培训机构、轨道交通站点和自身的线网规划能力,构建一套初始的助学专线公交网络,助学专线公交网络可以支持1~2次换乘中转的以及P+R的中转,如果有可能,助学专线的支付体系最好采用专属的会员制,只有获得认证的学生以及学生家长可以乘坐助学专线。其次,通过建设差异化的出行信息服务能力来提升助学专线的客户需求满意度。最后,助学专线主要的发车和调度计划应当与学校的作息时刻表保持一致,因此在不同线路的首末班设置、发班计划设置都需要作出调整。这对于公交企业的人力资源机制、薪酬体制和组织架构都是极大的挑战,需要公交企业进行数字化转型实现降本增效。

三、规划时间、调度优化

评估特定区域的客流出行高峰时间、高峰乘客体量与现有的调度计划、开行计划的匹配性。例如特定区域特色的夜间上班、白天休息,那么调度计划就需要作出相应的调整。同时,利用移动信令、支付、车辆客运完成量、满载率等数据分析相应地区的职住人员规模,对特定区域的车辆人员投入做出规划调整,从而起到降本增效的作用。

四、出行结构、专题分析

主要通过交通调查和移动信令的数据来分析出行结构,包含包车、公务车、通勤、差旅、加班等多种模式。如果用户的出行模式较为单一,也不利于企业一体化出行业务的开展,同时也无法与互联网平台形成产业差异。

五、资源结构、总体规划

分析目标区域周边的各公司运营线路、车辆、班次、场站、停车点、充电桩、加油站、出租车数量、驾驶员数量。从而评估相应区域是否具备开展相应体量业务的能力。如果太勉强,会引起驾驶员通勤时间过长、车辆停车回厂成本过高、中途加油充电困难等实际运营难题。

参 考 文 献

[1] 谢振东,方秋水,吴金成,等. 基于智慧支付的智慧城市顶层设计研究与实践[M]. 北京:人民交通出版社股份有限公司,2019.

[2] 谢振东,苏浩伟,温晓丽,等. 二维码技术在城市公共交通领域的创新与实践[M]. 北京:人民交通出版社股份有限公司,2021.

[3] 谢振东,董志国,常振廷,等. 广州市车联网(智能网联汽车)产业的发展与展望[J]. 交通工程,2021,21(01):27-32.

[4] 常振廷,谢振东. 粤港澳大湾区 5G 营运车辆自动驾驶与车路协同示范区技术架构研究[J].交通与港航,2019,6(05):15-19.

[5] 常振廷,谢振东,吕卫民. 广州智慧公交云脑平台的研究与实践[J]. 交通与港航,2020,7(01):13-19.

[6] 常振廷,谢振东,董志国. 智能网联车路协同城市大脑建设框架研究[J]. 智能网联汽车,2020(02):88-92.

[7] 常振廷,谢振东,董志国. 城市车联网(C-V2X)建设运营模式研究[J]. 电信科学,2020,36(04):69-73.

[8] 常振廷,谢振东,董志国. 面向公交营运管理的车路协同应用场景研究[J]. 智能网联汽车,2020(03):93-96.

[9] 谢振东,郭峰. 交通一卡通未来发展的思考[J]. 服务科学和管理,2018,7(3):4.

[10] 林虎,苏浩伟,谢振东,等. 扫码支付在一卡通自助售卡充值终端系统中的应用[J]. 电子技术与软件工程,2019(01):97-98.

[11] 谢振东,张绪升,苏浩伟,等. 基于大数据的广州一站式出行服务平台构建研究[J]. 现代信息科技,2019,3(07):154-156.

[12] 谢振东,陈君. 公共交通支付 3.0 版本的探索与构建[J]. 电子技术与软件工程,2019(11):30-31.

[13] 谢振东,蔡梓超,顾裕波,等. 基于人脸识别的快速公交云支付系统的构建[J]. 电子技术与软件工程,2019(22):144-145.

[14] 谢振东,程梦琪,顾裕波,等. 基于离线支付的羊城通二维码技术研究[J]. 科技创新与应用,2019(22):32-34.

[15] 谢振东,程梦琪,顾裕波,等. 羊城通二维码脱机+联机支付解决方案的研究[J]. 自动化应用,2019(07):82-84.

[16] 温晓丽,顾裕波,谢振东,等. 城市公共交通电子支付标签化技术应用研究[J]. 科学技术

创新,2020(03):92-93.

[17] 邹大毕,黄倚佳,温晓丽,等.构建羊城通记名卡交易实时推送系统[J]. 现代信息科技,2020,4(03):17-18+21.

[18] 邹大毕,温晓丽,谢振东,等.基于乘车码的公交服务在线点评系统研究[J].电子制作,2020(07):39-41.

[19] 谢振东,温晓丽,张旭,等. 基于公共交通电子支付的 HCE 应用研究[J]. 电子测试,2020(04):54-56+36.

[20] 黄艺宇,温晓丽,谢振东,等. 基于 MaaS 的电子车票的研究[J]. 现代信息科技,2020,4(07):21-23.

[21] 赖俊博,温晓丽,谢振东,等.基于二维码技术的公共交通电子车票系统研究[J]. 工业控制计算机,2020,33(07):133-134+150.

[22] 邹大毕,谢振东,宋秉麟,等. 数字经济下公共交通虚拟化服务研究[J]. 现代信息科技,2020,4(18):144-146.

[23] 谢振东,刘雪琴,吴金成,等. 公交 IC 卡数据客流预测模型研究[J]. 广东工业大学学报,2018,35(01):16-22.

[24] 谢振东,余红玲,张景奎,等. 基于交通一卡通的电子支付平台模式构建研究[J]. 中国交通信息化,2018(S1):59-60+63.

[25] 谢振东,陈卫国,徐锋,等. 交通一卡通清分管理中的全数据查重方法研究[J]. 软件导刊,2018,17(01):35-37.

[26] 谢振东,方秋水,徐锋,等. 城市公共交通一卡通技术与应用[M]. 北京:人民交通出版社股份有限公司,2014.

[27] 谢振东,方秋水,方晓洪,等.城市公共交通一卡通互联互通理论与实践[M]. 北京:人民交通出版社股份有限公司,2014.

[28] 谢振东,方秋水,余红玲,等.面向智慧城市的交通一卡通产业生态构建[M]. 北京:人民交通出版社股份有限公司,2016.

[29] 谢振东,方秋水,李之明,等.面向智慧城市的交通一卡通产业生态构建[M]. 北京:人民交通出版社股份有限公司,2016.

[30] 谢振东,方秋水,李之明,等. “互联网+”交通一卡通创新与应用[M]. 北京:人民交通出版社股份有限公司,2019.

[31] 谢振东,方秋水,吴金成,等. 基于智慧支付的 MaaS 服务研究与创新探索[M]. 北京:人民交通出版社股份有限公司,2020.

[32] 谢振东,吴金成,冷梦甜. 传统交通运输企业转型升级的思路和方法[J]. 交通与运输,2018,34(05):68-69.

[33] 谢振东,吴金成,常振廷,等. 中国交通电子支付发展模式及趋势的探讨与思考——以城市交通一卡通为例[J]. 科技与金融,2018(10):79-82.

[34] 谢振东,冷梦甜,吴金成. 基于一卡通数据的公交站点识别方法分析与研究[J]. 广东工业大学学报,2019,36(01):23-28.

[35] 谢振东,何建兵,何仕晔,等. 基于IC卡数据的居民出行成本建模分析[J]. 广东工业大学学报,2019,36(02):47-53.

[36] 吴金成,谢振东,冷梦甜. 基于交通一卡通的信用支付模式探索[J]. 中国交通信息化,2019(S1):82-83+93.

[37] 苏浩伟,谢振东,董志国,等. 粤港澳大湾区"菜篮子"信息平台的应用设计与实现[J]. 信息技术与信息化,2020(06):106-109.

[38] 陈雪频.一本书读懂数字化转型[M].北京:机械工业出版社,2021.

[39] 冯国华,尹靖,伍斌.数字化:引领人工智能时代的商业革命[M].北京:清华大学出版社,2019.

[40] 吴军.智能时代[M].北京:中信出版社,2016.

[41] 陈春花,朱丽.协同:数字化时代组织效率的本质[M].北京:机械工业出版社,2019.

[42] 忻蓉,陈威如,侯正宇.平台化管理:数字时代企业转型升维之道[M].北京:机械工业出版社,2020.

[43] 曾鸣.智能战略:阿里巴巴的成功与战略新蓝图[M].北京:中信出版社,2019.

[44] 约翰·杜尔.这就是OKR[M].曹仰锋,王永贵,译.北京:中信出版社,2018.

[45] 用友网络科技股份有限公司.企业数字化:目标、路径与实践[M].北京:中信出版社,2019.

[46] 托尼·萨尔哈德.数字化转型路线图:智能商业实操手册[M].赵剑波,邓洲,译.北京:机械工业出版社,2021.

[47] 新华三大学.数字化转型之路[M].北京:机械工业出版社,2019.

[48] 贾森·艾博年,布莱恩·曼宁.商业新模式:企业数字化转型之路[M].邵真,译.北京:中国人民大学出版社,2017.

[49] 于海澜,唐凌遥.企业架构的数字化转型[M].北京:清华大学出版社,2019.

[50] 彭中阳,王国钰.大交通时代:行业数字化转型之道[M].北京:电子工业出版社,2021.

[51] 王先庆.智慧物流:打造智能高效的物流生态系统[M].北京:电子工业出版社,2019.

[52] 安永碳中和课题组.一本书读懂碳中和[M].北京:机械工业出版社,2021.

[53] 赵光辉,朱谷生.互联网+交通:智能交通新革命时代来临[M].北京:人民邮电出版社,2016.

[54] 济南市公共交通总公司.城市公交企业信息化建设与管理[M].北京:人民交通出版社股

份有限公司,2017.

[55] 朱艳茹.交通运输企业管理[M].南京:东南大学出版社,2012.

[56] 中国公路学会.智能交通与未来出行[M].北京:中国科学技术出版社,2020.

[57] 中国汽车技术研究中心有限公司,中国智能交通协会.中国自动驾驶产业发展报告.2020[M].北京:社会科学文献出版社,2020.

[58] 张进财.5G:九大垂直领域的5G智慧赋能[M].北京:化学工业出版社,2020.